O Reexame Necessário
e a efetividade da tutela jurisdicional

W458r   Welsch, Gisele Mazzoni

O reexame necessário e a efetividade da tutela jurisdicional / Gisele Mazzoni Welsch. – Porto Alegre: Livraria do Advogado Editora, 2010.

152 p.; 23 cm.

ISBN 978-85-7348-701-5

1. Recurso: Processo civil. 2. Tutela jurisdicional. I. Título.

CDU – 347.958

Índices para catálogo sistemático:

Tutela jurisdicional	347.919.6
Recurso: Processo civil	347.958

(Bibliotecária responsável: Marta Roberto, CRB-10/652)

Gisele Mazzoni Welsch

O REEXAME NECESSÁRIO
e a efetividade da tutela jurisdicional

livraria
DO ADVOGADO
editora

Porto Alegre, 2010

© Gisele Mazzoni Welsch, 2010

Capa, projeto gráfico e diagramação
Livraria do Advogado Editora

Revisão
Smirna Cavalheiro

Direitos desta edição reservados por
Livraria do Advogado Editora Ltda.
Rua Riachuelo, 1338
90010-273 Porto Alegre RS
Fone/fax: 0800-51-7522
editora@livrariadoadvogado.com.br
www.doadvogado.com.br

Impresso no Brasil / Printed in Brazil

Ao Professor Doutor Araken de Assis, pelo incentivo, orientação e, sobretudo, pelo exemplo como pesquisador e jurista de escol, contribuindo de forma decisiva na execução da dissertação de Mestrado da qual se originou a presente obra.

Ao Professor Doutor José Maria Rosa Tesheiner, pelo enriquecedor convívio e pelas sempre valiosas observações bem como incentivo ao longo de minha trajetória acadêmica, tornando-se um referencial de sabedoria e cultura.

Aos queridos colegas de Mestrado, os quais proporcionaram-me trocas e acréscimos essenciais, além dos laços de amizade construídos.

Ao meu pai, Raul Welsch, por representar meu maior exemplo e experiência de amor, amizade e lealdade, sobretudo pelo apoio e dedicação.

Aos meus avôs paternos, Arno Welsch (*in memoriam*) e Martha Jacobus Welsch (*in memoriam*), e ao meu avô materno, Carlos Gutierrez Mazzoni (*in memoriam*) por representarem meus referenciais de honra, caráter e determinação.

"O processo, e o direito, e a própria vida não se constroem à força de opções sempre radicais, e menos ainda de golpes espetaculares, senão com a paciência de combinar elementos heterogêneos e tentar costurá-los, sem grande alarde, sem demasiada ambição, num conjunto quando possível harmonioso. Será pouco, talvez; mas é o máximo a que podemos aspirar neste mundo."

José Carlos Barbosa Moreira
(1997, p. 45)

Prefácio

No processo civil brasileiro, o princípio da igualdade evoluiu de limitação à atividade legislativa, impedindo a criação de regras arbitrárias, aleatórias e preconceituosas, e de diretriz hermenêutica, uma função ativa. O art. 125, I, do CPC determina ao órgão judiciário assegurar às partes igualdade de tratamento. Essa disposição arma o órgão judiciário de um imenso poder, cuja finalidade consiste em erradicar a desigualdade material das partes.

Todavia, do ponto de vista formal, a própria lei processual encarregou-se de promover a igualdade. Por óbvio, há critérios para nortear as regras porventura instituídas: a base constitucional do tratamento diferenciado; o uso de um elemento diferencial genérico, e, não, específico; e a correlação lógica entre a situação de fato e a legislação discrepante.

Em consideração à pessoa, a lei processual curvou-se ao célebre aforismo, segundo o qual a igualdade consiste em tratar os desiguais desigualmente. A Fazenda Pública é particularmente aquinhoada por benefícios financeiros (*v.g.*, art. 39 da Lei n° 6.830/80, que dispensa o pagamento de custas, de emolumentos, de preparo e depósito prévio; art. 27, que atribuiu ao vencido, a final, o pagamento das despesas dos atos processuais) e processuais (*v.g.*, o prazo em quádruplo para contestar e em dobro para recorrer, a teor do art. 188; a proibição de concessão de liminares, conforme o art. 7°, § 2°, da Lei n° 11.106/09). Esse tratamento diferenciado é bastante amplo, mas um dos aspectos que suscita particular aversão é a exigência que as sentenças proferidas contra a Fazenda Pública, sob certas condições, submetam-se a reexame obrigatório do Tribunal para adquirir a eficácia que lhe é intrínseca.

Não faltam vozes que sustentam a incompatibilidade do art. 475 do CPC com o princípio da isonomia. No entanto, esse instituto, que remonta a 1831 e tem paralelo no direito ibero-americano, preenche as diretrizes do tratamento discriminador. Primeiro, a Fazenda Pública não é um litigante qualquer, particularidade que, em outros sistemas jurídicos, levou à criação de uma jurisdição própria, que é o contencioso administrativo. Segundo, nos provimentos contrários à Fazenda Pública, especialmente os condenatórios, entra em jogo o patrimônio público, as disponibilidades financeiras do erário, formadas pelos impostos pagos por todos os brasileiros, e ninguém duvidará que a proteção desse dinheiro é objetivo digno de tutela no regime democrático. Terceiro, a defesa do Poder Público em juízo, a cargo dos procuradores, enfrenta maiores dificuldades do que as existentes na esfera privada, mostrando-se difícil o procurador tomar pé da situação de fato.

A dissertação apresentada por Gisele Welsch examina essa grave questão e, além disso, apresenta completo estudo sobre o controverso instituto. Escrita em estilo leve e agradável, representará valiosa ferramenta para o emprego do reexame necessário, o que garante o bom êxito do livro agora editado.

Araken de Assis

Ex-Professor Titular da PUC/RS
Professor do PPGD da Faculdade Autônoma de Direito (FADISP)
Doutor em Direito pela PUC/SP
Desembargador (aposentado) do Tribunal de Justiça do
Rio Grande do Sul

Sumário

Introdução 15

1. O reexame necessário como meio de (in)efetividade da tutela jurisdicional 19

   1.1. Do reexame necessário: origem histórica e direito estrangeiro 19

      1.1.1. Origem histórica 19

   1.2. O reexame necessário no direito estrangeiro 32

2. Natureza jurídica do reexame necessário 39

3. Cabimento do reexame necessário 57

4. Efeitos e procedimento do reexame necessário 77

5. O reexame necessário na atual configuração legislativa 97

   5.1. Aplicação do § 3º do art. 515 do CPC ao reexame necessário 97

   5.2. Possibilidade de concessão de medida antecipatória de tutela em face da Fazenda Pública 103

   5.3. Direito intertemporal e reexame necessário 110

6. Reexame necessário: garantia justificável da fazenda pública? 115

   6.1. Razões justificadoras da manutenção do reexame necessário no Direito Processual Civil brasileiro 115

   6.2. Razões contrárias à manutenção do reexame necessário no Direito Processual Civil brasileiro 121

   6.3. Ponderação entre os argumentos favoráveis e desfavoráveis ao reexame necessário 128

Conclusão 133

Referências 139

Introdução

A preocupação central da processualística moderna foca-se na busca de uma prestação jurisdicional mais célere e efetiva,[1] uma vez que a morosidade e a ineficácia constituem entraves para uma ordem jurídica justa. Dentre os protagonistas do problema figura o sistema recursal como a seara mais complicada e a reclamar reformas e aperfeiçoamentos em busca da efetividade e celeridade do processo.

Nesse contexto, faz-se necessária a análise do instituto do reexame necessário, uma vez que o mesmo consiste em uma garantia processual em benefício da Fazenda Pública, a qual representa a maior demanda do Poder Judiciário. Assim, tal garantia acabaria por criar óbices à celeridade do processo, além de estabelecer tratamento diferenciado (discussão a respeito da lesão ao princípio da isonomia) entre o ente público e o particular.

Contudo, a busca pela tão almejada prestação jurisdicional célere e efetiva não pode justificar a extinção pura e simples do instituto do sistema, já que o mesmo possui como escopo a proteção do interesse público. Assim, mostra-se importante o estudo sobre o tema, a fim de se contribuir para a solução de tal controvérsia.

Dessa forma, esta obra procede à análise do instituto do reexame necessário, considerando sua relação com a obtenção da efetividade do processo. Tal pesquisa procura dialogar criticamente a doutrina sobre o tema, além de cotejá-la com a jurisprudência, a fim de apresentar um panorama completo acerca do assunto.

---

[1] Giuseppe Chiovenda foi o primeiro a idealizar a efetividade como escopo maior do processo, ao celebrizar a seguinte frase: "Il processo deve dar per quanto possible praticamente a chi há un diritto quello e propio quello ch"egli há diritto di conseguire" (CHIOVENDA, Giuseppe. *Instituições de direito processual civil*. Campinas: Bookseller, 1998, v. 1, p. 67).

Inicialmente, procede-se à pesquisa da origem histórica da remessa oficial, no sentido de demonstrar-se a forma como a mesma foi concebida e as influências de tal fato para sua atual classificação e papel no ordenamento jurídico. Também é analisado o desenvolvimento legislativo do dispositivo até sua configuração atual, enfatizando-se as alterações promovidas pela Lei n° 10.352/01, no sentido precípuo de restringir as hipóteses de cabimento do reexame necessário.

Ainda no desiderato de buscar-se melhor entendimento do instituto, tornando possível sua análise adequada no contexto atual, analisa-se sua sistemática no direito estrangeiro. A correspondência do dispositivo na Argentina, Colômbia e Venezuela encontra-se sob a nomenclatura *consulta*.

Após, trata-se da questão da natureza jurídica do reexame necessário, a qual se consubstancia no aspecto crucial e polêmico sobre o tema, haja vista as divergências doutrinárias sobre tal questão e sua relevância para a determinação do procedimento e efeitos da remessa obrigatória. Em que pese a doutrina majoritária a classifique como condição de eficácia da sentença, há de se considerar a controvérsia quanto à sua natureza recursal. Isso porque questões relativas ao seu processamento acabam por aproximá-la da categoria recursal, além de que merece crítica a classificação como condição de eficácia pelas razões que serão expostas em capítulo próprio. Ainda são analisadas outras classificações apresentadas pela doutrina e jurisprudência, como a de ato complexo e composto.

Quanto ao cabimento, abordam-se as hipóteses em que se afiguram cabíveis o processamento do reexame necessário, as quais se encontram previstas no art. 475 do Código de Processo Civil (CPC). A Lei n° 10.352/01 promoveu restrições quanto ao cabimento do instituto, atendendo aos reclamos no sentido de se desobstruir os Tribunais. Pela nova redação, excluiu-se a hipótese em caso de sentença anulatória de casamento, bem como limitou-se a remessa necessária a condenações cujo valor certo seja superior a 60 (sessenta) salários mínimos. A referida lei ainda restringiu a aplicação do instituto ao vedar sua ocorrência nos casos em que a sentença estiver fundada em jurisprudência do plenário do Supremo Tribunal Federal ou em súmula deste Tribunal ou do tribunal superior competente. Ainda são tratadas outras hipóteses previstas no ordenamento jurídico e em leis extravagantes.

Relativamente aos efeitos, discute-se sobre a incidência do efeito suspensivo, já que a sentença, enquanto não reapreciada pelo Tribunal, é inexequível e não produz efeitos. Além de se tratar sobre a ocorrência do efeito devolutivo, translativo, expansivo e substitutivo. A questão da vedação da *reformatio in pejus* também é tratada no tópico, mostrando sua ligação com o âmbito de translatividade do reexame necessário, o qual se limita à parte da sentença que prejudicou a Fazenda Pública.

Quanto ao processamento da remessa oficial no órgão *ad quem*, é cediço que segue o modelo já fixado para a apelação. Dentro de tal aspecto, são tratadas questões relativas à aplicação do art. 557 do CPC ao reexame necessário, bem como o cabimento dos embargos infringentes contra acórdão não unânime proferido no julgamento de reexame necessário e a questão do conhecimento do agravo retido.

Na sequência analisa-se a remessa obrigatória na atual configuração legislativa, trazendo a lume o ponto relativo à aplicação do § 3º do art. 515 do CPC ao instituto, a controversa questão da possibilidade de concessão de medida antecipatória de tutela em face da Fazenda Pública e a óptica do direito intertemporal a respeito do momento da aplicação concreta da Lei nº 10.352/01 no tocante ao reexame necessário.

Por fim, busca-se uma ponderação sobre a razoabilidade e justificação da manutenção da garantia fazendária no direito processual civil brasileiro por meio da confrontação dos argumentos favoráveis e contrários a tal situação, firmando-se posicionamento em defesa da conservação do instituto no sistema, preconizando-se um equilíbrio entre a necessária mudança ditada pelas dificuldades da realidade atual e a não menos imprescindível proteção aos interesses da coletividade e ao patrimônio público.

1. O reexame necessário como meio de (in)efetividade da tutela jurisdicional

1.1. Do reexame necessário: origem histórica e direito estrangeiro

1.1.1. Origem histórica

O reexame necessário, originalmente chamado de *recurso de ofício*, possui suas origens mais remotas no Direito Medieval,[2] porém apresenta estruturas mais sólidas e delineadas em Portugal, em meados do século XIV. O instituto foi introduzido no processo penal, sob a influência do Direito Canônico, como uma forma de proteção ao réu, condenado à pena de morte no processo inquisitório.[3]

Em 12 de março de 1355, D. Afonso IV criou, por meio das chamadas Ordenações Afonsinas,[4] a obrigatoriedade de o juiz ape-

---

[2] Conforme observa Cleide Previtalli Cais, o reexame necessário possui raízes na Roma antiga, época em que as funções jurisdicionais eram divididas entre o povo e o poder, desenvolvendo-se durante a época de cristianização do direito pagão, com a preocupação de evitar possíveis injustiças. O instituto aperfeiçoou-se com o advento da Revolução Francesa, vindo a ser considerado fundamental para o exercício da democracia (CAIS, Cleide Previtalli. *O processo tributário*. 2.edição. São Paulo: Revista dos Tribunais, 1996, p .71)

[3] BUZAID, Alfredo. *Da apelação ex officio no sistema do código de processo civil*. São Paulo: Saraiva, 1951, p. 23-24.

[4] Tratando da origem das Ordenações Afonsinas na História do Direito Português, bem como de sua importância, discorre Mário Júlio de Almeida Costa: "As Ordenações Afonsinas assumem uma posição destacada na história do direito português. Constituem a síntese do trajeto que desde a fundação da nacionalidade, ou, mais aceleradamente, a partir de Afonso III, afirmou e consolidou a autonomia do sistema jurídico nacional no conjunto peninsular. Além disso, representam o suporte da evolução subseqüente do direito português. Como se apreciará, as ordenações ulteriores, a bem dizer, pouco mais fizeram do que, em momentos

lar *polla Justiça*. Alfredo Buzaid, em monografia sobre Apelação *ex officio*, explica que:

> Havia delitos, cuja apuração era feita mediante procedimentos *ex officio*; e delitos, cuja acusação dependia de queixa do interessado. Nos primeiros, se os querelantes querem acusar e demandar, devem os juízes processar o feito até que dêem neles livramento com direito. Mas, se não quiserem demandar, ou acusar, tais feitos deviam os juízes tomá-los pela Justiça fazerem as acusações à custa dos queixosos, se tivessem bens; e, em caso contrário, à custa dos Conselhos, onde os crimes foram praticados. E, acabados esses feitos, se as partes não apelarem, deviam os juízes apelar a El-Rei pela Justiça. E no caso em que se mostre que o queixoso com malícia em obrigar o preso, ou dar a querela, dizendo que foi dos casos de crime com procedimentos *ex officio* e se mostrar que foi em rixa nova, apelará também o juiz; e assim achando, deve prender logo o queixoso e não soltá-lo até que haja o desembargo da apelação.[5]

Marcello Caetano, ao descrever a reforma decretada em 12 de Março de 1355, explica que "se as injúrias não fossem verbais e assumissem maior gravidade, a competência para julgamento pertencia aos juízes, mas com recurso que seria interposto oficiosamente pela justiça, quando as partes não apelassem da sentença".[6] Para que o recurso oficioso não fosse interposto em questões insignificantes, a lei enumera os casos cuja gravidade o justifica.[7]

Nelson Nery Junior, ao se reportar ao assunto em foco, assim prelecionou:

> A justificação histórica para o aparecimento da remessa obrigatória se encontra nos amplos poderes que tinha o magistrado no direito intermédio, quando da vigência do processo inquisitório. O direito lusitano criou, então, a "apelação *ex oficio*", para atuar como sistema de freios àqueles poderes quase onipotentes do juiz inquisitorial.[8]

O recurso de ofício manteve-se nas Ordenações Manuelinas, publicadas em 1521, estendendo-se às decisões interlocutórias mistas. Naquele tempo, caso o juiz não interpusesse contra a sua própria sentença, o recurso de ofício estaria sujeito a graves sanções

---

sucessivos, actualizar a colectânea afonsina" (COSTA, Mário Júlio de Almeida. *História do Direito Português*. 3. ed. Coimbra: Almedina, 1996, p. 278-279).

[5] BUZAID, Alfredo. *Op. cit.*, 1951, p. 25.

[6] CAETANO, Marcello. *História do direito português*. Lisboa: Verbo, 1981, v. 1, p. 381.

[7] Idem.

[8] NERY JUNIOR, Nelson. *Princípios fundamentais*: teoria geral dos recursos. 2. ed. São Paulo: Revista dos Tribunais, 1993, p. 262.

podendo, inclusive, perder o cargo.[9] Além disso, a apelação *ex officio* impedia a execução imediata da sentença condenatória. Assim, enquanto não fosse reexaminada a sentença por um órgão hierarquicamente superior, não poderia ser executada a pena nela imposta.[10]

A partir de 1603, o Código Manuelino foi substituído pelas Ordenações Filipinas, que tiveram vigência no Brasil durante três séculos, ou seja, durante todo período colonial.[11] Nesse sistema, foi mantido o princípio de que em geral o juiz estava compelido a apelar de ofício de sua própria sentença.[12] Contudo, surgiram exceções[13] aos casos em que o juiz deveria apelar da própria sentença, independentemente de ser oficial ou particular a acusação.[14]

Com a proclamação da independência do Brasil, iniciou-se amplo movimento de revisão legislativa destinado a dar novos códigos ao país emancipado.[15]

Como se pode perceber, a apelação *ex officio*, teve sua origem histórica no Direito Processual Civil português,[16] com o escopo de funcionar como um contrapeso, a fim de minorar eventuais desvios

---

[9] CUNHA, Leonardo José Carneiro da. *A fazenda pública em juízo*. 5. ed. São Paulo: Dialética, 2007, p. 174.

[10] TOSTA, Jorge. *Do reexame necessário*. São Paulo: Revista dos Tribunais, 2005, p. 105.

[11] Ibidem, p. 106.

[12] Vale dizer que, séculos depois, surgiram disposições extravagantes, as quais obrigaram o juiz a apelar em diversas causas fiscais, como, por exemplo, da que reconhecia o privilégio de não pagar "jugada", que era o imposto sobre terras lavradas, por força do § 63 do Alvará de 20.4.1775, e da decisão do almotacel que absolvia da coima (Alvará de 21.6.1635). (GOUVÊA PINTO, Antonio Joaquim de. *Manual de apelações e agravos*. 2. ed. Lisboa: Imprensa Régia, 1820, p. 55-56).

[13] Para Alfredo Buzaid, as Ordenações Filipinas, em 1603, substituíram o Código Manuelino, mantendo a *"apelação ex officio"*, mas excetuando os seguintes casos: ferimento simples, quando haja perdão da parte; adultério, da mulher perdoando o marido; defloramento, uma vez que a parte perdoe; crimes de caça ou pesca, nos meses defesos, não sendo lugares contados; de penas impostas na Pragmática; em que a condenação cabe na alçada; furto de frutas, de vinhas, ou pomares, ou de outra qualquer coisa, sendo furto simples e módico; de apreensão de espada de mais da marca; em que é mandado soltar o português, do qual querelando algum estrangeiro se ausentou sem deixar procurador bastante; de sentença que não pronuncia alguém em devassa ou querela; em que julga o Perdão do Príncipe por conforme a culpa; de injuria (BUZAID, Alfredo. *Op. cit.*, 1951, p. 29).

[14] Idem.

[15] Ibidem, p. 30.

[16] Sobre o processo civil português, citam-se os ensinamentos de Mário Júlio de Almeida Costa: "De facto, a estrutura do processo civil reflectiu-se no processo penal inspirado pelas

e desmandos do processo inquisitório, cujas regras não se estenderam ao processo civil, o qual sempre esteve calcado no princípio dispositivo.

Sobre tal questão, identificou Frederico Marques no meio impugnativo "instrumento de centralização monárquica de que se serviram os dinastas portugueses para a instauração paulatina do absolutismo, em detrimento das Justiças locais".[17]

Relativamente à origem do reexame necessário no âmbito do processo civil, pode-se dizer que o mesmo surgiu, pela primeira vez, como figura de processo civil, na Lei de 4.10.1831. O art. 90 da referida lei[18] estipulava que o juiz deveria recorrer de ofício da sentença que proferisse contra a Fazenda Nacional, se excedesse a sua alçada.[19]

Nesse momento histórico, ao recorrer de ofício, o juiz operava efetivamente na defesa dos interesses da Fazenda Pública, assemelhando-se a uma espécie de causídico desta, mas o que se buscava objetivamente era a reforma do julgado e não a sua simples revisão pelo Tribunal, no sentido de aperfeiçoamento da sentença como é hoje.

Após, a Lei nº 242, de 29.11.1841, restabeleceu o privilégio de foro para as causas da Fazenda Nacional, surgindo o juízo privativo dos feitos da Fazenda de primeira instância.

Ao discorrer sobre a origem do instituto do reexame necessário, Jorge Tosta estudou os Anais do Parlamento brasileiro (Sessão de 1830, Rio de Janeiro, 1878, t. II, p. 155), observando que durante as discussões do projeto da citada Lei o deputado Gomes de Campos combateu-o vigorosamente, por entender que não era justo instituir um privilégio em favor da Fazenda e impor aos demais litigantes

---

ideias liberais. Também neste se afirmaram os princípios dispositivo, da passividade do juiz e da verdade formal" (COSTA, Mário Júlio de Almeida. *Op. cit.*, 1996, p. 443).

[17] MARQUES, José Frederico. *Instituições de direito processual civil*. 4. ed. Rio de Janeiro: Forense, 1971, p. 184-185.

[18] Art. 90 da Lei de 4.10.1831: "Fica extinto o actual Erário e o Conselho da Fazenda. As justificações neste Tribunal serão feitas perante os juizes Territoriais, com audiência do Procurador Fiscal; e as sentenças, que nelle se proferirem a favor dos justificantes, serão sempre appelladas ex-officio para a Relação do Districto, sob penna de nulidade" (ROSATI, Neide Aparecida. Remessa necessária no Código de Processo Civil. *Jus Navigandi*, Teresina, n. 59, out. 2002. Disponível em: <http://www.jus.com.br/doutrina>. Acesso em: 24 set. 2008).

[19] LIMA, Alcides de Mendonça. *Sistema de normas gerais dos recursos cíveis*. Rio de Janeiro: Freitas Bastos, 1963, p. 165.

uma condição inferior. O autor ainda refere que Clemente Ferreira, por outro lado, defendeu o projeto argumentando que:

> [...] a melhor maneira de verificar a responsabilidade dos empregados que não são vitalícios é uma incansável e nunca interrompida vigilância das autoridades superiores sobre sua conduta e sua admissão, logo que há suspeitas vehementes de que são prevaricadores. Mas nem por isso o corpo legislativo deve deixar de prevenir os abusos conhecidos, fazendo leis opportunas que facão cessar a sua causa: e é o que faz o artigo em discussão: está conhecido que os procuradores fiscaes prevaricão, deixando de appelar de sentenças injustas contra a fazenda nacional: o remédio é obrigar os juízes a appelar de ofício e ficará cessando a ocasião de um tal abuso.[20]

Na sessão legislativa de 29 de julho de 1841, após a terceira discussão, o art. 13 da referida lei foi aprovado.[21]

É nesse ponto que se encontra o motivo do surgimento do reexame necessário em nosso sistema processual civil.

Posteriormente, a apelação *ex officio* tornou-se necessária em outras causas e não somente quando estavam em jogo os interesses da Fazenda Pública, como a liberdade do indivíduo (Lei nº 2.040, de 28 de setembro de 1871) e a instituição social do casamento (Decreto nº 3.069, de 17 de abril de 1863).[22] Essa última hipótese, a qual permaneceu no Código de Processo Civil de 1973 (art. 475, I, do CPC), foi recentemente abolida pela Lei nº 10.352, de 26.12.2001, a qual é abordada mais adiante.

Seguindo a linha histórica percorrida pelo instituto do reexame necessário, tem-se que em setembro de 1890 foi promulgado o Decreto nº 763, revogando definitivamente as Ordenações Filipinas e determinando que o Brasil continuaria sendo regido, em matéria civil e comercial, pelo Regulamento nº 737, de 25.11.1850, enquan-

---

[20] TOSTA, Jorge. *Op. cit.*, 2005, p. 108-109.

[21] A redação do art. 13 assim dispunha: "Serão appelladas ex-officio para as relações do Districto todas as sentenças que forem proferidas contra a Fazenda Nacional em primeira instância, qualquer que seja a natureza dellas, e o valor excedente a cem mil reis, compreendendo-se nesta disposição as justificações e habilitações de que trata o artigo 90 da lei de 4 de outubro de 1831; não se estendendo contra a Fazenda Nacional as sentenças que se proferirem em causas particulares, e que os Procuradores da Fazenda Nacional somente tenham assistido, porque destas só se appellará por parte da Fazenda, se os Procuradores della o julgarem preciso." (ROSATI, Neide Aparecida. Remessa necessária no código de processo civil. *Jus Navigandi*, Teresina, ano 6, n. 59, out. 2002. Disponível em: <http://jus2.uol.com.br/doutrina/texto.asp?id=3256>. Acesso em: 7 nov. 2008).

[22] LIMA, Alcides de Mendonça. *Op. cit.*, 1963, p. 165-166.

to os Estados não baixassem seus respectivos Códigos de Processo Civil.

Com a promulgação da Constituição Republicana de 1891, iniciou-se o processo de codificação estadual, deferido aos Estados-membros por força do art. 34, n° 23, e art. 63 daquela Carta Política.[23]

Assim, o reexame necessário, denominado à época de apelação *ex officio*, foi incorporado por praticamente todos os Códigos Estaduais.

O Código de Processo Civil e Comercial do Estado da Bahia (Lei 1.121, de 21.8.1915) tratou do instituto de maneira sintética, sem detalhar sua natureza e efeitos, dispondo em seu art. 1.251 o seguinte: "Fica salva a appellação *ex officio* nos casos expressos em lei". O Código de Processo Civil e Comercial do Distrito Federal (Rio de Janeiro – Decreto n° 16.752, de 31.12.1924) também não optou pela descrição das hipóteses de cabimento do reexame necessário.[24]

Já o Código de Processo Civil de Minas Gerais (Lei n° 830, de 7.9.1922), ao contrário, discriminava as hipóteses de cabimento da remessa obrigatória.[25]

O Código de Processo Civil do Estado de São Paulo (Lei n° 2.421, de 14.1.1930), assim como o da Bahia e do Rio de Janeiro, não tratou das hipóteses específicas do reexame necessário, apenas referiu-se ao instituto nos casos previstos em leis esparsas.[26]

Outros Estados também trataram da remessa obrigatória, tais como: o Código Judiciário do Estado de Santa Catarina, em seu art. 1.855; a Lei Processual do Pará, art. 1.063; o Código de Processo do

---

[23] TOSTA, Jorge. *Op. cit.*, 2005, p. 110-111.

[24] Ibidem, p. 111.

[25] Em seu art. 1.456 havia menção expressa das hipóteses de cabimento da apelação *ex-officio*: "Tem lugar a appellação necessária: a) da sentença que homologar o desquite por mutuo consentimento; b) da sentença que julgar habilitados herdeiros em herança jacente de valor superior a 2000$000; c) da sentença proferida contra a Fazenda Estadual ou Municipal; d) da decisão mandando pagar dívidas de valor superior a 2000$000, nas arrecadações de bens de herança jacente. § 1° A apelação necessária interpõe-se por simples declaração do juiz na própria sentença, e deve seguir para a instância superior, independentemente de citação ou qualquer das partes não tiver também appellado. § 2° É lícito às partes acompanhar a appellação *ex officio*, tendo para as razões o mesmo prazo da appellação voluntária". (Ibidem, p. 111-112.)

[26] Ibidem, p. 113.

Ceará, art. 1.327; o Código de Processo do Rio Grande do Norte, art. 970; e o Código de Processo de Pernambuco em seu art. 1.444.

De tal análise histórica percebe-se que, enquanto alguns Códigos estaduais apenas se referiam ao reexame necessário para enquadrá-lo às leis extravagantes vigentes à época, outros trataram detalhadamente do instituto, inclusive no tocante às hipóteses de cabimento, natureza e efeitos.[27]

Mais de um século depois de introduzido no ordenamento jurídico brasileiro, o reexame obrigatório integraria o nosso primeiro grande diploma de normas procedimentais, o Código de Processo Civil de 1939, o qual unificou o sistema processual com a entrada em vigor do Decreto-Lei nº 1.608. Trinta anos depois, o Decreto-Lei nº 779/69 disciplinaria a sua aplicação também no âmbito do Processo do Trabalho.

O CPC de 1939, assim dispunha:

Art. 822. A apelação necessária ou *ex officio* será interposta pelo juiz mediante simples declaração na própria sentença.
Parágrafo único. Haverá apelação necessária:
I – Das sentenças que declararam a nulidade de casamento.
II – Das que homologam o desquite amigável.
III – Das proferidas contra a União, o Estado ou o Município.

Enquanto o art. 821 *caput* do diploma processual de 1939 previa a apelação voluntária contra as sentenças de mérito, o art. 822 do mesmo Código previa a apelação necessária ou *ex officio*. Tal distinção estabelecida pelo legislador foi pautada pela doutrina.[28]

Na hipótese do inciso III, das sentenças proferidas contra a União, Estado e Município, incluía-se a liquidação da sentença condenatória.[29]

Sobre a apelação de ofício prevista pelo art. 822 do CPC de 1939, asseverou Pontes de Miranda:

---

[27] TOSTA, Jorge. *Op. cit.*, 2005, p. 114.

[28] Sobre tal distinção tratou Antonio Joaquim de Gouvêa Pinto: "Póde dividir-se mais a Appellação em *Voluntaria*, e *Necessaria*, ou *ex officio Judicis*. Voluntaria, a que interpõem as Partes voluntariamente de qualquer sentença, em que se supõem agravadas. [...]. Necessaria, ou *ex officio*, aquella que o Juiz he obrigado a interpor por parte da Justiça, quando a Lei assim lho manda fazer; cuja obrigação por estar ihherente ao seu officio, se chama Appellação *ex officio*." (GOUVÊA PINTO, Antonio Joaquim de. *Op. cit.*, 1820, p. 54).

[29] MARQUES, José Frederico. *Op. cit.*, 1971, p. 285.

A apelação de ofício, seguindo a velha praxe, interpõe-se por simples declaração de vontade, que não se separa do "despacho" devolutivo (sempre que, nas leis, não há razões do apelado). A figura processual não é a da inserção do Estado, através do próprio juiz, na relação jurídica processual, e sim a de impulso processual.[30]

De Plácido e Silva procurou demonstrar que o recurso de ofício não se confunde com o direito de apelar voluntariamente assegurado à parte, "mesmo que haja a indicação da apelação *ex officio*, se a sentença vem ferir seus interesses e ela se sente com o direito de apelar".[31]

Nesse sentido, também se manifestou Carvalho Santos:

A apelação necessária não exclui a possibilidade da interposição da voluntária. Podem ambas coexistir. Completamente independentes. Nem precisa que a lei expressamente isso determine. Basta que não vede à parte o direito de recorrer.[32]

O autor ainda acrescentou, em seu comentários ao dispositivo, que "até mesmo a União Federal, através de seu representante, pode recorrer da decisão que lhe foi contrária, não obstante o recurso *ex officio* a que fica obrigado o juiz".[33] Isso porque não havia incompatibilidade alguma entre o recurso *ex officio* e o recurso voluntário.

Sobre o escopo e função da apelação necessária, ainda discorreu Jorge Americano:

Seu fundamento é a obrigação que incumbe ao juiz, por fôrça da lei, de verificar a legalidade de certos atos sob o prisma de ordem pública e de pronunciar-lhe as nulidades, quando absolutos (Cód. Civil, art. 146).

Esta função fiscalizadora, de ordem pública, que incumbe ao juiz, não pode ser por ele exercida em relação à sua própria sentença, de sorte que, pela apelação *ex officio*, ele provoca o Tribunal Superior a pronunciar-se, nessa função, sobre a sentença proferida.[34]

Por fim, Odilon de Andrade, também por ocasião dos comentários ao diploma processual de 1939, tratou sobre o processamento da apelação *ex officio*, explicando que a mesma não comportava

---

[30] PONTES DE MIRANDA, Francisco Cavalcanti. *Comentários ao código de processo civil*. 2. ed. Rio de Janeiro: Forense, 1960, v. XI, p. 146.

[31] DE PLÁCIDO E SILVA. *Comentários ao código de processo civil*. 3. ed. Curitiba: Guairá, 1949, p. 1483.

[32] DE CARVALHO SANTOS, J. M. *Código de processo civil interpretado*. Artigos 882 a 1052. São Paulo: Freitas Bastos, 1947, v. 5, p. 283.

[33] Idem.

[34] AMERICANO, Jorge. *Comentários ao código de processo civil do Brasil*. Arts. 808 a 1.052. 2. ed. São Paulo: Saraiva, 1960, v. 4, p. 23.

razões e impugnação por parte do juiz e dos litigantes. Além disso, acrescenta que a obrigatoriedade da apelação necessária tornava inexequível a sentença antes de confirmada pelo Tribunal Superior.[35]

O fato da apelação *ex officio* ser interposta pelo próprio juiz mediante simples declaração na própria sentença foi considerada o "germe de sua própria destruição"[36] e fomentou a discussão sobre a natureza jurídica desse instituto.

Procedendo à análise do instituto previsto no art. 822 do CPC de 1939, ponderou Clemilton da Silva Barros:

> Não é difícil notar a realidade social insculpida no texto revogado, sob a histórica preponderância do princípio inquisitório, e a importância do poder religioso, chegando este a se confundir com o próprio poder estatal. A previsão era nitidamente autoritária, deixando os direitos dos cidadãos comuns em posição infinitamente inferior, revelando um total desprezo aos princípios do contraditório, da isonomia e do devido processo legal.[37]

Portanto, percebe-se que, contrariamente ao casuísmo característico das ordenações, o dispositivo restringiu a amplitude do recurso *ex officio*.[38] Contudo, permaneceu a semelhança com o regime anterior no tocante à defesa do erário.

É relevante observar que o reexame necessário foi previsto para o recurso extraordinário, por força do Decreto nº 23.055, de 09.08.1933, o qual exigia, em seu art. 1º, que as justiças locais interpretassem as leis da União "de acordo com a jurisprudência do Supremo Tribunal Federal". Tal decreto, porém, foi revogado pela Constituição Federal de 1934 (arts. 76, parágrafo único, e 144, parágrafo único), a qual não incluiu o caso, com o cunho de obrigatoriedade, entre as hipóteses de recursos extraordinários (art. 76, § 2º, III).[39]

O recurso *ex officio*, então, tornou-se cânone nas Constituições Federais de 1934 e 1937, ainda que inominado. Na Constituição de

---

[35] DE ANDRADE, Odilon. *Comentários ao código de processo civil*. Arts. 782 a 881. Rio de Janeiro: Forense, 1946, v. 9, p. 162-163.

[36] LIMA, Alcides de Mendonça. *Op. cit.*, 1963, p. 169.

[37] BARROS, Clemilton da Silva. Considerações prognósticas do reexame necessário no processo civil brasileiro. *Revista da AGU – Advocacia Geral da União*. Brasília, n. 14, p. 63, dez 2007.

[38] SEABRA FAGUNDES, Miguel. *Dos recursos ordinários em matéria civil*. Rio de Janeiro: Forense, 1946, p. 134-135.

[39] LIMA, Alcides de Mendonça. *Op. cit.*, 1963, p. 167.

1934, a medida era prevista no art. 76, parágrafo único, com caráter facultativo.[40]

A mesma Carta Política ainda determinava que: "A lei civil determinará os casos de desquite e de anulação do casamento, havendo sempre recurso *ex officio*, com efeito suspensivo" (art. 144, parágrafo único).[41]

Na Constituição Federal de 1937, a remessa obrigatória estava prevista para o recurso ordinário, especificamente das decisões denegatórias de *habeas corpus* (art. 101, parágrafo único), competindo a interposição ao Presidente do Tribunal de segundo grau, em caráter facultativo. Já as Constituições seguintes não fizeram previsão a respeito.[42]

Daí em diante, como bem noticia Samir José Caetano Martins,[43] diversas leis extravagantes trouxeram disposições semelhantes, sempre associadas à tutela do erário, citando a Lei nº 2.664, de 3.12.1955, que dispõe sobre ações judiciais decorrentes de atos das Mesas das Câmaras do Congresso Nacional e da Presidência dos Tribunais Federais; a Lei nº 6.014, de 27.12.1973, que inseriu a previsão do duplo grau obrigatório na Lei nº 1.533, de 31.12.1951 (Lei do Mandado de Segurança) e na Lei nº 4.717, de 29.7.1965 (Lei da Ação Popular); a Lei nº 6.071, de 3.7.1974, que inseriu a previsão do duplo grau obrigatório no Decreto-Lei nº 3.365, de 21.7.1941 (Lei Geral das Desapropriações), e a Lei nº 8.437, de 30.6.1992 (que dispõe sobre medidas cautelares contra atos do Poder Público). Em 17.4.1963, pelo Decreto nº 3.069, tal instituto viria a se estender também às causas matrimoniais.

O recurso de ofício ainda fez-se necessário na sentença de carência ou improcedência proferida nas ações em que sejam autoras pessoas portadoras de deficiência (art. 4º, § 1º, da Lei nº 7.853/89) e da sentença proferida nos pedidos de obtenção de nacionalidade brasileira (art. 4º, § 3º, da Lei nº 818/49), percebe-se que, ainda hoje,

---

[40] "Art. 76, parágrafo único. Nos casos do n. 2, n. III, letra d (divergência jurisprudencial), o recurso poderá também ser interposto pelo presidente de qualquer dos tribunais ou pelo Ministério Público." (LIMA, Alcides de Mendonça. *Op. cit.*, 1963, p. 167).

[41] Idem.

[42] TOSTA, Jorge. *Op. cit.*, 2005, p. 116.

[43] MARTINS, Samir José Caetano. Em torno do duplo grau de jurisdição obrigatório. *Jus Navigandi*, Teresina, n. 1242, 25 nov. 2006. Disponível em: http://jus2.uol.com.br/doutrina/texto.asp?id=9215. Acesso em: 31 jul. 2008.

situações existem em que a obrigatoriedade do reexame da sentença por outro órgão hierarquicamente superior não afeta, necessariamente, à ideia de defesa do patrimônio público.[44]

No CPC de 1973 (Lei n° 5.869, de 11.1.1973), o instituto do reexame necessário foi mantido,[45] porém em outro capítulo e não mais com a denominação originária de *apelação ex officio*, atendendo às críticas de renomados juristas, em especial as de Alfredo Buzaid, os quais sempre negaram sua natureza recursal.

José Carlos Barbosa Moreira observou a frustração do objetivo do autor do Anteprojeto:

> Já no projeto definitivo – e aqui também merece ser ressaltado que a Comissão Revisora se bateu pela manutenção da figura – procurou-se dar ao problema um atendimento que não entrasse em choque com as convicções doutrinárias do ilustre professor, já agora Ministro da Justiça, e a solução que se encontrou foi a de deslocar-se o tratamento dessa matéria, do Título reservado aos recursos, para a parte que trata da sentença e da coisa julgada".[46]

---

[44] TOSTA, Jorge. *Op. cit.*, 2003, p. 110.

[45] O instituto do reexame necessário acabou por ser ressuscitado, apesar de o anteprojeto do Código de Processo Civil de 1973 tê-lo suprimido. É o que se pode inferir da leitura da exposição de motivos: "[...] O Anteprojeto suprimiu o recurso *ex officio*, admitido pelo Código de Processo Civil (art. 822) e por algumas leis especiais (Dec.-Lei 960, arts. 53, 54 e 74, parágrafo único; Dec.-Lei 3.365, art. 28, § 1º; Lei 1.533, art. 12, parágrafo único), reincorporados no sistema do Código. Acerca do recurso *ex officio*, as opiniões divergem. Alguns eminentes autores não lhe regateiam louvores. 'É ele", escreve José Frederico Marques, "instrumento eficaz para evitar conluios pouco decentes entre juízes fracos e indignos desse nome e funcionários relapsos da administração pública. E, ainda, meio e modo para suprir a ação, nem sempre eficaz e enérgica do Ministério Público, em processos em que esta afeta a tutela ativa e militante de interesses indisponíveis'. Dizendo que 'outros criticam-no acerbamente' (João Monteiro, *Processo Civil*, § 221, nota 1; Fraga, *Instituições*, III, p. 40), a mesma exposição de motivos acrescenta: '[...] Salvo os casos de sentença que decreta nulidade de casamento e da que homologa desquite amigável (CPC, art. 822), todos os demais se referem a pleitos de que é parte a União, o Estado ou o Município. Ora, os argumentos utilizados pelos defensores do recurso *ex officio* não lhe justificam a necessidade, nem sequer a utilidade prática como meio de impugnação de sentenças; procuram explicar a sua manutenção unicamente pelo receio de conluio entre pessoas que figuram na relação jurídica processual ou por deficiente tutela dos interesses públicos. Ora, o argumento de que os representantes do poder público podem agir com a incúria não revela um defeito da função, mas do órgão, cuja inexação no cumprimento do dever merece ser punida pelos meios regulares de direito e não por transferência ao Judiciário de controle de seu comportamento irregular. A missão do Judiciário é declarar relações jurídicas e não suprir as deficiências dos representantes da Fazenda ou do Ministério Público. Por outro lado, para obstar à formação do conluio entre as partes, no processo, confere o Código meios eficazes (BUZAID, Alfredo. *Op. cit.*, 1951)".

[46] BARBOSA MOREIRA, José Carlos. *O sistema de recursos. Estudos sobre o novo código de processo civil*. Rio de Janeiro: Liber Juris, 1974, p. 188.

Com a retirada da feição recursal da apelação *ex officio* foram atendidas manifestações de significativa parcela da doutrina, a qual não admitia "possível o juiz impugnar suas próprias sentenças, manifestando-se inconformado com elas e postulando dos tribunais a sua substituição por outra que afirma ser melhor.[47]

Assim, no atual CPC de 1973, algumas sentenças estão "sujeitas ao duplo grau de jurisdição, não produzindo efeitos antes da confirmação pelo tribunal" (art. 475).[48] Isso quer dizer que certas sentenças deverão ser, obrigatoriamente, reexaminadas pelo tribunal ao qual está vinculado o juiz, sob pena de jamais transitarem em julgado.[49]

Com efeito, no texto original do Código de 1973, ainda figurou a previsão do reexame necessário de sentença que anulasse casamento (art. 475, I), expressando a manutenção da influência do poder religioso. Mas a revisão produzida pela Lei nº 10.352, de 26.12.2001, excluiu tal previsão, no que o legislador também teve o cuidado de estabelecer situações limitadoras, como consta do atual texto:

> Art. 475. Está sujeita ao duplo grau de jurisdição, não produzindo efeito senão depois de confirmada pelo tribunal, a sentença: (Redação dada pela Lei nº 10.352, de 26.12.2001)
>
> I – proferida contra a União, o Estado, o Distrito Federal, o Município, e as respectivas autarquias e fundações de direito público; (Redação dada pela Lei nº 10.352, de 26.12.2001)
>
> II – que julgar procedentes, no todo ou em parte, os embargos à execução de dívida ativa da Fazenda Pública (art. 585, VI). (Redação dada pela Lei nº 10.352, de 26.12.2001)
>
> § 1º Nos casos previstos neste artigo, o juiz ordenará a remessa dos autos ao tribunal, haja ou não apelação; não o fazendo, deverá o presidente do tribunal avocá-los. (Incluído pela Lei nº 10.352, de 26.12.2001)
>
> § 2º Não se aplica o disposto neste artigo sempre que a condenação, ou o direito controvertido, for de valor certo não excedente a 60 (sessenta) salários mínimos, bem como no caso de procedência dos embargos do devedor na execução de dívida ativa do mesmo valor. (Incluído pela Lei nº 10.352, de 26.12.2001)
>
> § 3º Também não se aplica o disposto neste artigo quando a sentença estiver fundada em jurisprudência do plenário do Supremo Tribunal Federal ou em súmula

---

[47] CUNHA, Leonardo José Carneiro da. *Op. cit.*, 2007, p. 175.

[48] Idem.

[49] Nesse sentido, dispõe a Súmula 423 do STF: "Não transita em julgado a sentença por haver omitido o recurso *ex officio* que se considera interposto *ex lege*".

deste Tribunal ou do tribunal superior competente. (Incluído pela Lei nº 10.352, de 26.12.2001)

Denota-se que a Lei n° 10.352, de 26.12.2001, alterou significativamente o instituto do reexame necessário. Uma das alterações importantes, reclamadas pela doutrina há muito tempo, foi a sua supressão em relação às sentenças que anularem o casamento. Segundo a exposição de motivos da citada Lei, "[...] o reexame necessário não mais apresenta qualquer sentido, em um sistema jurídico que passou a admitir o divórcio a vínculo".[50]

A esse respeito, discorre Leonardo José Carneiro da Cunha:

> A disposição que submetia a sentença anulatória do casamento ao duplo grau obrigatório vinha, a bem da verdade, revelando-se ineficaz, porquanto, com o advento da Lei nº 6.515/1977 – que passou a permitir o divórcio no Brasil –, esvaziaram-se, para não dizer que se nulificaram, as ações anulatórias de casamento. Além do mais, a sentença que decreta o divórcio produz, praticamente, os efeitos da anulação de casamento. Assim, em termos de resguardo do interesse público e de proteção à família, se a sentença que anula o casamento deve ser reexaminada, a do divórcio também deveria ser, exatamente porque as duas põem termo ao laço matrimonial.[51]

Todavia, restaram mantidas as outras duas hipóteses, aperfeiçoando-se apenas a sua redação, passando o inciso I do art. 475 do CPC a referir-se à sentença proferida contra a União, o Estado, o Distrito Federal, o Município e respectivas autarquias e fundações de direito público. Na realidade, as autarquias e fundações de direito público já eram beneficiárias do reexame necessário em função do art. 10 da Lei n° 9.469/97.[52] A inclusão das autarquias e das fundações de direito público acaba sendo válida por "inserir a regra no âmbito do Código de Processo Civil, o que já deveria ter sido feito anteriormente".[53]

Mantêm-se excluídas do reexame necessário as sentenças proferidas contra as sociedades de economia mista e as empresas públi-

---

[50] TOSTA, Jorge. *Op. cit.*, 2005, p. 119.

[51] CUNHA, Leonardo José Carneiro da. *Op. cit.*, 2007, p. 177.

[52] Idem.

[53] GOMES JÚNIOR, Luiz Manoel. Anotações sobre a nova fase da reforma do CPC – Âmbito recursal. In: NERY JUNIOR, Nelson; WAMBIER, Tereza Arruda Alvim (coord.) *Aspectos polêmicos e atuais dos recursos cíveis e de outras formas de impugnação às decisões judiciais*. São Paulo: Revista dos Tribunais, 2001, v. 4, p. 647.

cas, pois ostentam natureza de pessoas jurídicas de direito privado, não se submetendo à regra insculpida no art. 475 do CPC.[54]

O antigo inciso III do art. 475 do CPC passou a ser o novo inciso II, promovendo alteração no sentido de suprir um equívoco terminológico, passando-se a utilizar a expressão "julgar procedentes os embargos à execução". Enfim, atualmente, o reexame necessário somente é cabível em relação à sentença proferida contra a Fazenda Pública ou que acolha, no todo ou em parte, os embargos à execução fiscal.[55]

Outra inovação promovida pela Lei nº 10.352/01 foi o § 2º do art. 475, cuja hipótese, mesmo sem previsão legal, já vinha sendo admitida pela jurisprudência que, interpretando o art. 34, *caput*, da lei nº 6.830, dispensava o reexame necessário nas causas de valor inferior a 50 ORTNs. O atual regime, porém, é mais amplo e prevê a inaplicabilidade do reexame necessário "[...] sempre que a condenação, ou direito controvertido, for de valor certo não excedente a 60 (sessenta) salários mínimos, bem como no caso de procedência dos embargos do devedor na execução de dívida ativa do mesmo valor" (§ 2º).[56]

As implicações e consequências das alterações realizadas pela Lei nº 10.352/01 são tratadas mais adiante, de forma mais detalhada.

1.2. O reexame necessário no direito estrangeiro

O reexame necessário possui institutos similares no direito comparado. Sobre a ocorrência de institutos semelhantes ao reexame necessário nos países estrangeiros, discorre Enrique Vescovi: *"Esto sucede con mayor amplitud en los países socialistas, que siguen el sistema soviético de alta inspección que permite la revisión de los fallos por los tribunales superiores de oficio".*[57]

---

[54] CUNHA, Leonardo José Carneiro da. *Op. cit.*, 2007, p. 177.

[55] Idem.

[56] Dispositivo similar foi também introduzido pela Lei dos Juizados Especiais Federais (Lei nº 10.259, de 12.7.2001), em seu art. 13, que dispensa o reexame necessário nas causas de competência da Justiça Federal até o valor de sessenta salários mínimos (art. 3º) (TOSTA, Jorge. *Op. cit.*, 2005, p. 119).

[57] VESCOVI, Enrique. *Los recursos judiciales y demás medios impugnativos en Iberoamérica.* Buenos Aires: Depalma, 1988, p. 30.

Observando-se a história do Direito Processual nos países da América Latina, encontra-se um instituto cujas características são correspondentes ao do reexame necessário: a chamada *consulta*.

O recurso *ex officio* foi introduzido na América hispânica, em matéria penal, por força da herança comum representada pelo Código Filipino, sob a designação de "consulta".[58] Porém, não o ignora, igualmente, o Processo Civil.

A obrigatória revisão da sentença de interdição ao tribunal para a "consulta" foi prevista nos estatutos de processo das províncias argentinas de Entre Ríos (art. 616) e de Jujuy (art. 416).[59]

A esse respeito, discorre de forma mais detalhada Manuel Ibañez Frocham:

> *Así los códigos de Entre Ríos, art. 616 y de Jujuy, art. 426, prescriben que si la sentencia no fuere apelada, se elevará la causa em consulta AL Tribunal de Apelación, si la sentencia declara la incapacidad.*
> *Los códigos de Buenos Aires, art. 804, de San Luix, art. 1136; y de Mendoza, art. 307, inc. 7º disponen que si la sentencia declarase la incapacidad y no fuere apelada en su oportunidad por los interesados, deberá notificarse AL agente fiscal quien "estará obligado a interponer los recursos de nulidad y de apelación".*
> *En cambio la sentencia, em igual situación, para los códigos de San Juan, art. 1144; S. del estero, art. 842; Santa Fe, 543, ES apelable sin efecto suspensivo; em tanto que em La Rioja, la sentencia emanará de la Cámara, em instancia única, art. 518, 6º; y El Código de Tucumán concede la apelación libre.*
> *De modo que la "consulta" o la apelación obligatoria por el fiscal, em la hipótesis contemplada, ES um instituto que se mantiene em la legislación de Entre Ríos, Jujuy, Buenos Aires, San Luis, Mendoza.*[60]

Na Argentina, as origens do instituto no Processo Civil encontram-se na Lei de Organização dos Territórios Nacionais, em 1532, precisamente no art. 42 que estabelecia que "*[...] los jueces letrados elevevarían em consulta, aún cuando no se interpusiera apelación, las sentencias definitivas em assuntos em que fueren parte los incapaces*". Essa consulta foi posteriormente abolida pela Lei n° 14.237 que, alterando as feições do instituto, passou a denominá-lo *apelação obrigatória* ou *apelação ipso jure*.[61]

---

[58] ASSIS, Araken de. *Manual dos recursos*. São Paulo: Revista dos Tribunais, 2007, p. 847.

[59] Idem.

[60] IBAÑEZ FROCHAM, Manuel. *Tratado de los recursos en el proceso civil*. 4. ed. Buenos Aires: La Ley, 1969, p. 547-548.

[61] TOSTA, Jorge. *Op. cit.*, 2005, p. 121.

Atualmente, o *Código Procesal Civil y Comercial de La Nación Argentina*, em seus arts. 253 e 633,[62] voltou a nominar o instituto de *consulta*, admitindo-o em face das sentenças que declaram a interdição ou, na linguagem daquele Código, da "sentencia de declaración de demência".[63]

Juan Carlos Hitters destaca, em consonância com Ibáñez Frocham, que é incorreta a designação *consulta*, pois os órgãos judiciais não foram criados para responder a "consultas" e sim resolver questões concretas, já que a tarefa do órgão *ad quem* é levar a cabo uma verdadeira revisão da sentença proferida. Uma denominação mais de acordo com a realidade seria *revisão obrigatória ou automática*.[64]

O Código de Processo Civil da Colômbia previa a *consulta* nos arts. 508, 509 e 510, em face das *"sentencias de primera instancia que declaram obligaciones contra El Estado, los Departamentos o los Municípios".*[65] A *consulta* ainda era prevista nos casos de interdição de pessoa (art. 821).

No CPC atual, a *consulta* está prevista no art. 386,[66] em relação às sentenças condenatórias da Fazenda Pública.[67] Quanto a tal previsão, observa Araken de Assis que "outra vez o legado filipino ressai em vigor e persistência".[68]

---

[62] DE SANTO, Victor. *El proceso civil.* Buenos Aires: Universidad, 1987, v. 8, t. 1, n. 79, p. 486.

[63] *"Art. 253 bis. Consulta. – Em el processo de declaración de demência, si la sentencia que la decreta no fuera apelada se elevará em consulta. La cámara resolverá previa vista AL asesor de menores e incapaces y sin outra sustanciación".* E, mais adiante, ao tratar especificamente da ação de declaração de demência, dispõe no art. 633, *verbis* : *"Em los procesos de declaración de demência, si la sentencia que la decreta no fuere apelada se elevará em colsulta. La Cámara resolverá previa vista al asesor de menores e incapaces, sin outra sustanciación."* (TOSTA, Jorge. *Op. cit.,* 2003, p. 120-121).

[64] HITTERS, Juan Carlos. *Técnica de los recursos ordinários.* 2. ed. La Plata: Libreria Platense, 2004, p. 556-557.

[65] TOSTA, Jorge. *Op. cit.,* 2005, p. 121.

[66] *"Art. 386. Modificado. Decreto 2282 de 1989, Art. 1. Num. 195. Procedencia del trámite. Las sentencias de primera instancia adversas a la nación, los departamentos, las intendencias, las comisarías, los distritos especiales y los municipios, deben consultarse con el superior siempre que no sean apeladas por sus representantes o apoderados. Con la misma salvedad deben consultarse las sentencias que decreten la interdicción y las que fueren adversas a quien estuvo representado por curador ad litem. Vencido el término de ejecutoria de la sentencia se remitirá el expediente al superior, quien tramitará y decidirá la consulta en la misma forma que la apelación".* Disponível em http://www.cajpe.org. pe/RIJ/bases/legisla/colombia/ley19.htm. Acesso em 6 nov. 2008.

[67] TOSTA, Jorge. *Op. cit.,* 2005, p. 121.

[68] ASSIS, Araken de. Admissibilidade dos embargos infringentes em reexame necessário. In: NERY JUNIOR, Nelson; WAMBIER, Tereza Arruda Alvim (coord.). *Aspectos polêmicos e*

No Peru, o instituto está previsto no *Código Procesal Civil*, na Seção Terceira (Atividade Processual), Título XIV (Consulta), no art. 408,[69] que estabelece a consulta, *v.g.*, para a resolução de primeira instância que, não sendo apelada "declara la interdicción; (...) en la que el juez prefiere la norma constitucional a una legal ordinária". No procedimento do art. 409,[70] o auxiliar judiciário enviará, em cinco dias, o expediente ao órgão superior, que também possui 5 (cinco) dias para decidir depois de receber vista do processo.

Já no Direito Processual Venezuelano, estavam sujeitas à *consulta* as sentenças proferidas nas causas: a) em que se discutia a jurisdição da República (art. 22); b) de divórcio (art. 557); c) de interdição e de reabilitação (art. 573); d) em que for parte o Fisco Nacional (art. 8 da Ley Orgânica de la Hacienda Nacional) ou o Conselho Venezuelano de Menores (art. 18 do Estatuto de Menores da Venezuela).[71]

Assim, nota-se que dos países da América Latina que prevêem o instituto da consulta em seus códigos, apenas a Colômbia e Venezuela o admitem das sentenças proferidas contra a Fazenda Pública, como ocorre com o reexame necessário no sistema processual civil brasileiro.[72] O Código de Processo Civil argentino só o admite

---

atuais dos recursos cíveis e de outras formas de impugnação às decisões judiciais. São Paulo: RT, 2001, v. 4, p. 121.

[69] "*Artículo 408. Procedencia de la consulta. La consulta sólo procede contra las siguientes resoluciones de primera instancia que no son apeladas: 1. La que declara la interdicción y el nombramiento de tutor o curador; 2. La decisión final recaída en proceso donde la parte perdedora estuvo representada por un curador procesal; 3. Aquella en la que el Juez prefiere la norma constitucional a una legal ordinaria; y 4. Las demás que la ley señala. También procede la consulta contra la resolución de segunda instancia no recurrida en casación en la que se prefiere la norma constitucional. En este caso es competente la Sala Constitucional y Social de la Corte Suprema*". Disponível em: http://www.cajpe. org.pe/RIJ/bases/legisla/colombia/ley19.htm Acesso em: 12 nov. 2008.

[70] "*Artículo 409. Trámite de la consulta. Cuando proceda la consulta, el expediente es elevado de oficio. El Auxiliar jurisdiccional enviará el expediente al superior dentro de cinco días, bajo responsabilidad. La resolución definitiva se expedirá dentro de los cinco días siguientes a la vista de la causa. No procede el pedido de informe oral. Durante la tramitación de la consulta, los efectos de la resolución quedan suspendidos*". Disponível em: http://www.cajpe.org.pe/RIJ/bases/legisla/colombia/ley19. htm. Acesso em: 12 nov. 2008.

[71] TOSTA, Jorge. *Op. cit.*, 2005, p. 122.

[72] Sobre o instituto no direito processual civil brasileiro assinala Enrique Vescovi: "*Consideramos que este último caso, em general, resulta un privilegio injustificado y uma demora inútil del processo*". O *mesmo autor, nesse desiderato, ainda faz alusão a um caso ocorrido no Uruguai: "En El Uruguay, um*

das sentenças que decretam a interdição, não prevendo hipótese de sentenças proferidas contra a Fazenda Pública.[73]

Relativamente à questão do processamento, pode-se dizer que, mesmo nominado de *consulta*, o instituto de Direito Comparado não apresenta diferenças essenciais do reexame necessário brasileiro. Sobre tal questão, explica Jorge Tosta:

> [...]. O juiz de primeiro grau profere sentença como em qualquer outra causa, com a ressalva de que a eficácia do julgado fica condicionada à análise da consulta pelo Tribunal que poderá, inclusive, reformar a sentença quanto ao mérito. Neste caso, da mesma forma que no sistema processual civil brasileiro, o acórdão substitui a sentença de primeiro grau.[74]

Em função das razões expostas pelo autor, a terminologia adotada pelo CPC brasileiro parece mais apropriada, uma vez que, na verdade, não ocorre uma *consulta* ao órgão *ad quem*, pois o juiz não se limita a *consultar* apenas o tribunal para que este dê a solução do feito, mas sim profere uma decisão efetiva com a devida análise das questões de mérito.[75]

Ainda com relação à questão procedimental da consulta, assevera Araken de Assis:

> É verdade que, sob o nome abrangente de "consulta", variam profundamente as fórmulas legislativas, às vezes desfigurando os traços essenciais do instituto. No direito uruguaio, por exemplo, a par da "apelación automática" – equivalente, a rigor, à apelação *ex officio* e à consulta argentina ou colombiana –, no processo penal, existe certa "consulta" ao Tribunal, que, no abalizado juízo de Enrique Véscovi, "*solo tiene fines de control administrativo de la actividad jurisdiccional, pero no modifica la sentencia, ni afecta la cosa juzgada*".[76]

Já na Europa, o instituto não se estendeu ao Processo Civil, tendo ficado restrito, em alguns países, ao Processo Penal, por inspiração do processo inquisitório, como antes referido.[77]

---

proyecto de ley de la Abogacía del Estado, presentado por El Ministério de Justicia, em 1982, mereció las más severas críticas, entre las cuales nos incluímos, AL establecer la apelación y la casación automática de todas las sentencias dictadas contra El Estado, aun cuando El abogado de este no interpusiera los recursos." (VESCOVI, Enrique. *Op. cit.*, 1988, p. 31).

[73] TOSTA, Jorge. *Op. cit.*, 2005, p. 122.

[74] Idem.

[75] Idem, p. 123.

[76] ASSIS, Araken de. *Op. cit.* 2001. *Admissibilidade...*, p. 121/122.

[77] TOSTA, Jorge. *Op. cit.* 2005, p. 122.

Porém, conforme observa José Carlos Barbosa Moreira, "parece supérfluo obtemperar que um instituto não pode ser condenado apenas por não o adotarem essas legislações: do contrário, teríamos de expurgar do nosso sistema jurídico, por exemplo, o mandado de segurança, sem correspondente exato em nenhuma delas".[78]

A respeito da ausência de disposição semelhante às do art. 475 do CPC Brasileiro nas legislações processuais europeias, leciona José Carlos Barbosa Moreira:

> Por outro lado, a inexistência de disposição análoga às do art. 475 pátrio nas leis processuais européias de maneira alguma significa que aqueles ordenamentos dêem ao Poder Público, quando litiga, tratamento igual ao de qualquer outro litigante. A verdade é bem outra: o tratamento varia, sim, conquanto por formas diferentes, algumas até mais radicais, que a visada pela crítica. Basta ver que diversos ordenamentos europeus, indubitavelmente "de primeira linha", chegam a subtrair à Justiça comum, em regra, os litígios em que seja parte a Administração Pública, para confiá-los a outro conjunto de órgãos, que não integram necessariamente o mecanismo judicial e podem fazer parte do próprio aparelho administrativo.
>
> Exemplo clássico é o "contencioso administrativo" francês, cujos órgãos são ligados à Administração Pública e não se situam no âmbito da Justiça *stricto sensu*. O órgão de cúpula é o *Conseil d'État*, não a Courde Cassation. Não estamos diante de mera separação formal: o processo, lá, assume fisionomia própria, tem características que nitidamente o distinguem do processo judicial: por exemplo, nele, tradicionalmente, o princípio da publicidade não tem vigorado nos mesmos termos que em juízo.[79]

O jurista ainda explica que o ordenamento italiano é semelhante ao francês, onde também existe a separação entre a Justiça ordinária e a chamada "Justiça administrativa". Em matéria de direitos subjetivos, propriamente ditos, aquela é competente ainda que o direito do particular se insurja contra o Poder Público. Mas há o extenso rol dos denominados "interesses legítimos", a cujo respeito se exclui a competência da Justiça comum e se outorga o poder de decidir aos tribunais administrativos regionais e, em instância superior, ao *Consiglio di Stato*.[80]

Na Espanha, também existe um órgão especial para o exercício da jurisdição no terreno do contencioso administrativo, cuja matéria é regulada pela Lei nº 29, de 13.7.1998. Por fim, na Alemanha há

---

[78] MOREIRA, José Carlos Barbosa. Em defesa da revisão obrigatória das sentenças contrárias à Fazenda Pública. *Temas de direito processual:* (nona série). São Paulo: Saraiva, 2007, p. 204.

[79] Ibidem, p. 205-206.

[80] Ibidem, p. 206.

três sistemas distintos do comum para o processo e julgamento de litígios contra o Poder Público: a *Verwaltungsgerichtsbarkeit* (jurisdição administrativa), a *Finanzgerichtsbarkeit* (jurisdição financeira) e a *Sozialgerichtsbarkeit* (jurisdição social), cada qual regida por uma lei própria.[81]

---

[81] MOREIRA, José Carlos Barbosa. *Op. cit.*, 2007, p. 206.

2. Natureza jurídica do reexame necessário

A definição da natureza de um determinado instituto inicia-se com a tentativa de sua identificação perante os demais institutos que lhes são similares, considerando o seu universo científico. Nisto, parte-se de um procedimento de simples comparação, individualizando-o e detectando suas particularidades e características mais singularizadas, até se saber em que ramo ou sub-ramo da ciência ele se insere e a que regras se submete.

Consiste, portanto, tal procedimento em se definir a real posição do instituto considerado dentro de um sistema, classificando-o, identificando seu endereçamento no universo em que se encontra e em face de seu conteúdo e de suas características.

Assim, por meio da pesquisa da natureza jurídica de um instituto, objetiva-se identificar qual o regime jurídico que se lhe deve ser aplicado.[82] No caso específico do reexame necessário, tal perquirição e análise tornam-se indispensáveis, haja vista a divergência doutrinária a respeito de sua classificação ou não como recurso, a despeito de Flávio Cheim Jorge, Fredie Didier Jr. e Marcelo Abelha Rodrigues entenderem que a discussão pertinente a ser ou não, o reexame necessário, um recurso, já não persiste.[83] Tal pensamento segue a linha de Barbosa Moreira, para quem o assunto "sempre teve sabor exclusivamente acadêmico e está de todo superada.[84]

Esse instituto processual, apesar de não ser considerado pela doutrina majoritária como recurso, é decorrente do princípio do

---

[82] FÉLIX, Juarez Rogério. O duplo grau de jurisdição obrigatório. In: NERY JUNIOR, Nelson; WAMBIER, Tereza Arruda Alvim (coord.) *Aspectos polêmicos e atuais dos recursos cíveis de acordo com a Lei 9.756/98*. São Paulo: Revista dos Tribunais, 1999, p. 420-432.

[83] CHEIM, Flávio Jorge; DIDIER JR., Fredie; RODRIGUES, Marcelo Abelha. *A nova reforma processual*. 2. ed. São Paulo: Saraiva, 2003, p. 121.

[84] MOREIRA, José Carlos Barbosa. *Op. cit.*, 2007, p. 201.

duplo grau de jurisdição, mas de caráter obrigatório, por não haver necessidade de a parte vencida ter de recorrer da decisão para um órgão hierarquicamente superior, objetivando o reexame da matéria recorrida. Em outras palavras, proferida a sentença, o próprio juiz remete os autos ao tribunal competente, haja ou não apelação voluntária da parte vencida.

Sendo assim, o universo dos institutos jurídicos semelhantes ao reexame necessário é aquele no qual se encontram os recursos. Aliás, a primeira ideia que se tem acerca do reexame necessário é a de que se trata de uma espécie recursal. E isto é inevitável, haja vista o tradicional tratamento dado ao referido instituto pelo ordenamento jurídico brasileiro, bem assim pelo seu próprio objeto, consistente na reanálise do julgado pelo órgão revisor, objeto este muito peculiar aos dos recursos.[85]

Portanto, a classificação do instituto do reexame necessário como recurso se calca, primeiramente, no fato de ter sido, em sua origem, denominado "apelação *ex officio*".[86]

No sentido de refutar tal argumento histórico e de terminologia como critério definidor da natureza jurídica do reexame necessário como recurso, pondera Araken de Assis:

> Admitida a incompatibilidade do instituto com a noção corrente de recurso, mister definir a exata natureza do expediente consagrado no art. 475, *caput*, do Código de Processo Civil. Forçoso rejeitar a terminologia reinícola – recurso *ex officio* –, até agora empregada, pois imprópria e insuficiente. E, por igual, o rótulo de "providência", soa insatisfatório, ou melhor, "não penetra a natureza do instituto, nem lhe dá explicação satisfatória.[87]

---

[85] Sobre o conceito de recurso, leciona a doutrina estrangeira: "Recursos son, pues, aquellos médios de impugnación por los que quién es parte em el proceso pretende um nuevo examen de las cuestiones fácticas o jurídicas resueltas em uma resolución no firme que Le resulta perjudicial, a fin de que sea modificada o sustituida por outra que le favorezca, o anulada". (AROCA, Juan Montero; MATÍES, José Flors. *Tratado de recursos en el proceso civil*. Valencia: Tirant Lo Blanch, 2005, p. 38).

[86] A respeito do tema tratou Nelson Nery Junior: "Tal medida é tradicional no direito brasileiro, oriunda do sistema medieval e sem correspondente no direito comparado, antigamente conhecida como "apelação *ex officio*". Tendo em vista essa denominação errônea, muito já se discutia a respeito de sua natureza jurídica, havendo quem afirmasse, ainda em tempos remotos, tratar-se de verdadeiro recurso, combatendo pensamento de outra corrente doutrinária, que entendia a apelação como ato provocado pela parte vencida" (NERY JUNIOR, Nelson. *Princípios fundamentais – teoria geral dos recursos*. São Paulo: Revista dos Tribunais, 1997, p. 54).

[87] ASSIS, Araken de. *Op. cit.*, 2001, Admissibilidade..., p. 123.

Na concepção de Alfredo Buzaid, a apelação necessária não era nem recurso nem providência, sendo que o que a definia era: *a ordem de devolução à instância superior*, que não se consubstanciava uma manifestação de vontade do juiz, mas da *vontade da lei*, sendo seu dever funcional o fazer; o fato de que *a instância superior conhece da causa integralmente*, pois é devolvido o conhecimento de todas as questões suscitadas e discutidas no processo. Assim, a ordem de devolução prescrita em lei transferindo à instância superior o conhecimento integral da causa seria o característico da apelação de ofício.[88]

Uma parcela minoritária da doutrina, defendida por Sérgio Bermudes[89] e Araken de Assis,[90] tem entendido que a remessa necessária é um recurso, ou seja, é uma "apelação *ex officio*".[91] Os precursores dessa corrente atribuem ao reexame necessário o feitio recursal, argumentando no sentido de que quem recorre não é o juiz, mas sim o Estado.

Conforme tal corrente, o Estado, por meio do juiz – que é seu agente – provoca o reexame da decisão, antevendo e suprimindo a possibilidade de que seus representantes não venham a tomar a iniciativa de recorrer.[92]

Os autores que defendem a natureza recursal da remessa necessária rebatem as críticas quanto à inexistência do pressuposto da voluntariedade, próprio dos recursos, com o disposto no art. 898 da CLT,[93] que põe em relevo a natureza também voluntária do reexame necessário.

Nesse sentido, discorre Araken de Assis:

> Localizou-se a essência do recurso *ex officio*, de outro lado, na "ordem de devolução imposta pela lei, que transfere à instância superior o conhecimento integral da causa. Incorreu, salvo engano, no erro reprovado do instituto, que é a remessa ao

---

[88] BUZAID, Alfredo. *Op. cit.*, 1951, p. 48/49.

[89] BERMUDES, Sérgio. *Introdução ao processo civil*. 3. ed. rev. e atual. Rio de Janeiro: Forense, 2002, p. 159.

[90] ASSIS, Araken de. *Op. cit.*, 2001, Admissibilidade..., p. 114-134.

[91] Vale referir que já em tempos remotos Antonio Joaquim de Gouvêa Pinto considerava a apelação *ex officio* como recurso (GOUVÊA PINTO, Antonio Joaquim de. *Op. cit.*, 1820, p. 11).

[92] TOSTA, Jorge. *Op. cit.*, 2005, p. 147.

[93] Art. 898, CLT: "Das decisões proferidas em dissídio coletivo que afete empresa de serviço público ou, em qualquer caso, das proferidas em revisão, poderão recorrer, além dos interessados, o presidente do Tribunal e a procuradoria da Justiça do Trabalho".

tribunal, mas incapaz de revelar-lhe a natureza. Em última análise, "ato de impulso" e "ordem de devolução" se equivalem na inexpressividade e truísmo. E, além disso, nem sempre tal ordem se apresenta como imperativa, às vezes não passando de mera faculdade do órgão judiciário (*v.g.*, o art. 898 da CLT). A devolução da causa ao tribunal representa simples efeito da medida prevista no art. 475.[94]

Tal corrente doutrinária ainda sustenta a necessidade de se alargar o conceito de recurso, a fim de relativizar o requisito da voluntariedade.[95] A referida parcela da doutrina ainda defende o argumento de que, ao julgar o reexame necessário, o tribunal irá proferir um acórdão que, necessariamente, deve substituir a sentença (CPC, art. 512), seja para mantê-la, seja para modificá-la. Tais circunstâncias já seriam suficientes para conferir ao reexame necessário a natureza de recurso, sendo irrelevante a ausência de voluntariedade e de outros requisitos de admissibilidade recursal.[96]

Desse modo, finaliza Araken de Assis que o elemento comum da apelação voluntária e da apelação *ex officio* é a devolução do julgamento de primeira instância, seja ela voluntária (iniciativa do vencido) ou necessária (impulso oficial).[97] Arremata afirmando que "o art. 475, *caput*, consagra a vetusta apelação *ex officio*, encobrindo-lhe o corpo rijo os enganosos rótulos de 'reexame obrigatório', 'remessa' e congêneres".[98]

Acompanhando tal entendimento, ainda há o pensamento de Cláudia Simardi, a qual afasta a incidência do princípio da taxatividade ao reexame necessário aduzindo o seguinte: "[...] apesar do atual Código não denominar como apelação a obrigatoriedade

---

[94] ASSIS, Araken de. *Op. cit.*, 2007, p. 850.

[95] Sobre a necessidade de relativização do requisito da voluntariedade, observa Araken de Assis: "[...] Àqueles que duvidarem do bom senso de alargar o conceito de recurso, relativizando sua voluntariedade, ousamos lembrar que, para os homens sensatos da época de Galileu, tementes a Deus e atentos à própria vida, o Sol girava em torno da Terra. Põe-se excessivo destaque no caráter voluntário de todo recurso, olvidando seu eventual regime compulsório. E até mesmo a voluntariedade surge no recurso *ex officio*. Constitui simples faculdade o recurso interposto pelo Presidente do Tribunal contra "decisões proferidas em dissídio coletivo" (art. 898 da CLT). Que dizer dessa hipótese excepcional, senão que há recursos *"ex officio"* obrigatórios e voluntários? Designava-os, coerentemente, o clássico e atual Paula Baptista de impugnações "oficiais", "visto como são confiadas ao zelo dos juízes para bem usarem delas". (ASSIS, Araken de. *Op. cit.*, 2001, Admissibilidade..., p. 129).

[96] Ibidem, p. 122-129.

[97] ASSIS, Araken de. *Op. cit.*, 2007, p. 852.

[98] ASSIS, Araken de. *Op. cit.*, 2001, Admissibilidade..., p. 130.

do duplo grau de jurisdição, tal circunstância não a descaracteriza como recurso".[99]

Outra parte da doutrina, também minoritária, defendida por José Frederico Marques, entende que o reexame necessário é considerado um quase-recurso por trazer "todos os traços e características dos recursos". A única diferença entre os recursos e o referido quase-recurso estaria no fato de que este não seria interposto pelo vencido, mas remetido, obrigatoriamente, pelo juízo *a quo* ao juízo *ad quem*.[100]

Essa controvérsia acerca da natureza jurídica do reexame necessário também existe no direito estrangeiro, no qual a corrente majoritária refuta a classificação de recurso da "consulta", instituto correspondente à apelação *ex officio*.[101]

A esse respeito, Juan Carlos Hitters articula:

> *Parece de perogrulho poner en evidencia que la via analizada no puede ser considerada em puridad de verdad como um carril de ataque contra los fallos, pues justamente Le falta uma de las características próprias de tales médios, como lo es sin Duda la estimulación de parte. La doctrina há estado conteste em este aspecto, al descartar la possibilidade de encarrilar dicho instituto em los andariveles funcionales de las sendas de impugnación, por faltarle esse rasgo fundamental que es el alzamiento del interessado.*[102]

O entendimento negativo sobre a natureza recursal da remessa obrigatória encontra respaldo na falta do requisito da voluntariedade, essencial ao conceito de recurso. Nos recursos, as partes devem expressar sua vontade em recorrer, pois esta deve ser manifestada pela parte que teria interesse na reforma ou invalidação da decisão. Na remessa necessária, o próprio juiz remete os autos ao tribunal competente, independentemente da vontade das partes.

Assim, o juiz não pode demonstrar vontade em recorrer, uma vez que a lei lhe impõe o dever de remeter os autos à supe-

---

[99] SIMARDI, Claudia A. Remessa obrigatória (após o advento da lei 10.352/2001). In: NERY JUNIOR, Nelson; WAMBIER, Tereza Arruda Alvim (coord.). *Aspectos polêmicos e atuais dos recursos cíveis e de outros meios de impugnação às decisões judiciais*. São Paulo: Revista dos Tribunais, 2002, v. 6, p. 127.

[100] FREDERICO MARQUES, José. *Manual de direito processual civil*. Campinas: Millennium, 2000, v. 3, p. 177.

[101] ASSIS, Araken de. *Op. cit.*, 2007, p. 848.

[102] HITTERS, Juan Carlos. *Op. cit.*, 2004, p. 554-555.

rior instância.[103]A corrente isolada que defende a natureza recursal do reexame necessário argumenta no sentido de que quem recorre "não é o juiz e, sim, o Estado".[104]

A teoria do reexame necessário como impulso processual, preconizada por Pontes de Miranda,[105] considera o instituto mera manifestação do impulso oficial, determinada pela lei. Portanto, o instituto não teria caráter recursal, uma vez que o juiz é quem recorre, sem ser parte, litisconsorte ou terceiro prejudicado e a determinação de subida dos autos para reapreciação da sentença por um órgão hierarquicamente superior só poderia significar uma declaração de vontade fundada no impulso oficial estabelecido pela lei processual.[106]

Sobre o ato de impulso do juiz, leciona Araken de Assis:

> É verdade que há impulso do juiz na providência do art. 475. Mas o dado não explica porque, diferentemente dos demais atos autorizados pelo art. 262, os quais visam levar o processo ao seu fecho, a remessa tem por objeto o pronunciamento que, a despeito da definição legal ambígua (art. 162, § 1º), se destina a encerrá-lo na fase de conhecimento, conduzindo-o ao tribunal – órgão judiciário e superior.[107]

Há ainda a teoria do reexame necessário como ato complexo transplantada do Direito Administrativo para o Processo Civil. O ato complexo é definido, na seara do Direito Administrativo, como sendo aquele cuja existência, validade e eficácia dependem da conjunção de vontades de órgãos diferentes.[108] Assim, no caso do reexame necessário, a decisão proferida pelo juiz de primeiro grau só teria eficácia no mundo jurídico após ser reexaminada pelo tribunal. Tal construção foi sustentada inicialmente por Frederico Marques, mas depois foi por ele mesmo reconsiderada.[109] Todavia, ainda hoje

---

[103] ASSIS, Araken de. *Op. cit.*, 2007, p. 848.

[104] BERMUDES, Sérgio. *Op. cit.*, 2002, p. 159.

[105] PONTES DE MIRANDA, Francisco Cavalcanti; BERMUDES, Sérgio (atualizador). *Comentários ao código de processo civil*. 3. ed. Rio de Janeiro: Forense, 1997, v. 11, p. 156.

[106] TOSTA, Jorge. *Op. cit.*, 2005, p. 147.

[107] ASSIS, Araken de. *Op. cit.*, 2007, p. 849.

[108] BANDEIRA DE MELLO, Celso Antônio. *Curso de direito administrativo*. 12. ed. São Paulo: Malheiros, 2003, p. 366.

[109] FREDERICO MARQUES, José. *Instituições de direito processual civil*. 3. ed. Rio de Janeiro, 1969, v. 4, p. 369.

existem adeptos de tal corrente, pois há jurisprudência no Superior Tribunal de Justiça nesse sentido.[110]

Porém, esse entendimento não procede, porque um ato complexo forma-se através do concurso de duas vontades autônomas, originárias de órgãos diferentes. No caso em pauta, o tribunal não é convocado para colaborar com o juiz de primeiro grau, ele é chamado para tornar eficaz a sentença dando-lhe aprovação, podendo alterar ou manter o julgado, sendo a decisão inferior substituída pela decisão do tribunal.

Calamandrei, na obra *La sentenza soggettivamente complessa*, argumenta que a sentença complexa surge em virtude de nela intervir mais de um órgão jurisdicional, nascendo o julgado exatamente dessa cooperação de dois órgãos do Estado para a construção de um único ato jurisdicional.[111]

É também nesse sentido o entendimento de Araken de Assis:

> Forma-se o ato complexo através do concurso de duas vontades autônomas, originárias de órgãos diferentes. Sem a emanação dessas declarações tendentes a preencher o escopo predisposto na lei, o ato não se completa, permanece sem ingressar no mundo jurídico. Os elementos de incidência do ato, nessas condições, se originam de fontes distintas.[112]

Arregimentando tal posição, pronuncia-se Cândido Rangel Dinamarco:

> Excogitou-se uma interpretação do art. 475 do Código de Processo Civil mediante invocação do conceito de ato complexo, inerente ao direito administrativo – de modo que o julgamento da causa não residiria na sentença isoladamente, nem no acórdão, mas na simbiose dos dois. Essa tentativa, que não está sequer de acordo

---

[110] PROCESSUAL – DECISÃO CONTRÁRIA AO ESTADO – REMESSA "EX OFFICIO" – NATUREZA DO FENÔMENO – CPC ART. 475 – APELAÇÃO – TEMPESTIVIDADE – DISCUSSÃO INÚTIL – AGRAVO RETIDO – CONHECIMENTO. 1. A decisão de primeiro grau, contrária ao estado, constitui o primeiro dos momentos de um ato judicial complexo, cujo aperfeiçoamento requer manifestação do tribunal. 2. Quando aprecia remessa "ex officio", o tribunal não decide apelação: simplesmente complementa o ato complexo. 3. Não faz sentido discutir-se a tempestividade de apelação manifestada pelo estado, contra decisão de primeiro grau. e que tal decisão será necessariamente apreciada pelo tribunal "ad quem". 4. O agravo retido deve ser apreciado pelo tribunal, na assentada em que fizer a revisão "ex officio" (CPC, art. 475). O art. 523 do CPC deve ser interpretado de modo a não tornar inútil o art. 522 (STJ -REsp 100.715 – BA, da 1ª Turma, Rel. Min. Humberto Gomes de Barros).

[111] CALAMANDREI, Piero. *La sentenza soggettivamente complessa*. Opere giuridiche. Nápoles: Morano, 1965, v. 1, p. 106-144.

[112] ASSIS, Araken de. *Op. cit.*, 2007, p. 848.

com os postulados do ato complexo em direito administrativo, vai de encontro ao sistema de direito processual ao desconsiderar a regra da substituição do inferior pelo superior, positivada no art. 512 do Código de Processo Civil.[113]

Nagib Slaibi Filho considera ato jurídico complexo a manifestação de vontade que necessita de outra manifestação de vontade para que produza efeitos jurídicos, enquanto ato jurídico composto é aquele que, embora também necessitando de outra manifestação de vontade para a sua validade, desde logo tem a aptidão de produzir efeitos. No ato jurídico composto, os efeitos eventualmente decorrentes da inicial manifestação de vontade serão insubsistentes caso não ocorra a posterior manifestação de vontade confirmatória da primeira.[114]

Dessa forma, a toda evidência, a interpretação do art. 475, *caput*, do CPC induz à conclusão de que se trata de ato composto. O dispositivo preceitua que "a sentença não produzirá efeito senão após a confirmação pelo tribunal". Entretanto, o tribunal não apenas confirma ou rejeita o ato decisório, conferindo-lhe, também, no primeiro caso, plena eficácia. O novo julgamento substitui integralmente o primeiro e a atividade do tribunal consiste em conferir o acerto do seu julgamento, que pode manter ou reformar, afastando toda a consideração relativa ao ato complexo.[115]

A questão do efeito substitutivo também acaba por afastar a teoria de ato complexo, pois a sentença também se vê substituída pela decisão do tribunal sempre que este a revê *ex vi legis*. Tal fato, portanto, enfraquece a classificação da remessa obrigatória como ato complexo e, na opinião de Araken de Assis, "aproxima o reexame necessário, outra vez, da disciplina inerente aos recursos.[116]

Contudo, conforme mencionado, a corrente majoritária defende que a remessa necessária não é um recurso, mas trata-se de uma condição de eficácia da sentença.[117] Segundo essa teoria, a sentença

---

[113] RANGEL DINAMARCO, Cândido. *A reforma da reforma*. 6. ed. São Paulo: Malheiros, 2003, p. 130-131.

[114] SLAIBI FILHO, Nagib. *O juiz leigo e o projeto de decisão referido no art. 40 da lei nº 9.099/95*. Disponível em: http://www.bonijuris.com.br/pages/mosdou.php?reg=185&id_rv=524&atua= Acesso em: 20 nov 2008.

[115] ASSIS, Araken de. *Op. cit.*, 2007, p. 852.

[116] Idem.

[117] Nesse sentido, colaciona-se a seguinte jurisprudência do Tribunal Regional Federal da 2ª Região: AÇÃO RESCISÓRIA – SENTENÇA NÃO TRANSITADA EM JULGADO PELA

prolatada pelo juiz de primeiro grau, quando presente alguma das hipóteses legais de reexame necessário, está sujeita a uma condição: ser reexaminada pelo tribunal. Somente depois de revisada, a sentença passará a produzir efeitos. Portanto, a sentença não produz coisa julgada,[118] inexiste no mundo jurídico. O reexame é necessário para a validade, eficácia e executoriedade do julgado.[119] Tal pronunciamento pode ser visto nas palavras de Nelson Nery Junior:

> Trata-se de condição de eficácia da sentença, que, embora existente e válida, somente produzirá efeitos depois de confirmada pelo tribunal. Não é recurso por lhe faltar: tipicidade, voluntariedade, tempestividade, dialeticidade, legitimidade, interesse em recorrer e preparo, características próprias dos recursos. Enquanto não reexaminada a sentença pelo tribunal, não haverá trânsito em julgado, e, conseqüentemente, será ela ineficaz.[120]

Tratando-se de sentença sujeita obrigatoriamente ao duplo grau, nos termos estabelecidos no CPC, seus efeitos ficam suspensos e não trazem consequência alguma para a finalidade para a qual tenha sido proferida antes de que sobre a questão haja manifestação da instância superior. Ou seja, até que, em razão da devolução necessária da causa ao tribunal, haja pronunciamento no sentido de mantê-la ou modificá-la, independentemente de eventual recurso interposto pela partes interessadas.[121]

O mesmo entendimento é compartilhado por Marinoni e Arenhart: "[...] Trata-se de condição para a eficácia da sentença. Ou melhor, a norma deixa claro que, em certos casos, a sentença – embora

---

FALTA DE SUJEIÇÃO DA DECISÃO AO DUPLO GRAU DE JURISDIÇÃO OBRIGATÓRIO – SÚMULA 423 DO SUPREMO TRIBUNAL FEDERAL – EXTINÇÃO DO FEITO PELA IMPOSSIBILIDADE JURÍDICA DE SUA ADMISSÃO. I – Sentença sujeita ao duplo grau de jurisdição, na qual foi omitida tal condição, não transita em julgado. II – Impõe-se, desse modo, a extinção do feito (AR 92.02.08827-6 , Rel. Des. Federal Ney Fonseca).

[118] Com relação a esta questão, é preciso citar a Súmula 423 do STF: "Não transita em julgado a sentença por haver omitido o recurso *ex officio*, que se considera interposto *ex lege*".

[119] GIANESINI, Rita. A fazenda pública e o reexame necessário. In: NERY JUNIOR, Nelson; WAMBIER, Tereza Arruda Alvim (coord.). *Aspectos polêmicos e atuais dos recursos cíveis e de outras formas de impugnação às decisões judiciais*. São Paulo: Revista dos Tribunais, 2001, v. 4, p. 918.

[120] NERY JUNIOR, Nelson; NERY, Rosa Maria. *Código de processo civil comentado e legislação extravagante em vigor*. 4. ed. rev. e ampl. São Paulo: Revista dos Tribunais, 1999, p. 928.

[121] COELHO, Rogério. Reexame necessário e uniformização de jurisprudência. In: NERY JUNIOR, Nelson; WAMBIER, Tereza Arruda Alvim (coord.). *Aspectos polêmicos e atuais dos recursos cíveis e de outras formas de impugnação às decisões judiciais*. São Paulo: Revista dos Tribunais, 2005, v. 9, p. 564.

válida – não produz efeito senão depois de confirmada pelo tribunal".[122]

Nesse diapasão, e de acordo com Cláudia Simardi, as sentenças afetadas permanecem no mundo jurídico como "pronunciamentos jurisdicionais em estado de latência, não transitando em julgado e nada podendo afetar o mundo empírico".[123]

Logo, a sentença condicionada ao reexame necessário não irá produzir coisa julgada, conforme salienta Ferreira Pinto: "[...] não é propriamente um recurso, mas uma reapreciação da sentença, condicionada à liberação de seus efeitos para a formação da coisa julgada".[124]

Antônio Machado diz tratar-se de um "[...] reexame necessário ou reapreciação da sentença *ex vi legis* que condiciona a liberação dos seus efeitos (exceto em mandado de segurança) e a formação da coisa julgada".[125]

Não ocorrendo o trânsito em julgado da sentença de mérito, em função de não ter sido submetida ao reexame necessário, contra ela não caberia ação rescisória por não estar presente requisito fundamental para admissão dessa medida, que é a coisa julgada.[126] Contudo, o Superior Tribunal de Justiça já decidiu em contrário.[127]

No mesmo sentido é o entendimento de Sérgio Gilberto Porto:

> Através do instituto do reexame necessário, condiciona-se a eficácia de uma decisão à análise e ao crivo de seu conteúdo por órgão judicial diverso do prolator. Mais precisamente, impõe-se que a sentença seja reexaminada por instância colegiada,

---

[122] MARINONI, Luiz Guilherme; ARENHART, Sergio Cruz. *Manual do processo de conhecimento*: a tutela jurisdicional através do processo de conhecimento. 2. ed. rev., atualizada e ampl. São Paulo: Revista dos Tribunais, 2003, p. 652.

[123] SIMARDI, Claudia A. Remessa obrigatória. *Op. cit.*, 2002, p. 127.

[124] PINTO, Ferreira. *Código de processo civil comentado*. São Paulo: Saraiva, 1996, v. 2, p. 562.

[125] MACHADO, Antônio Claudio da Costa. *Código de processo civil interpretado*. 3. ed. São Paulo: Saraiva, 1997, p. 487.

[126] GIANESINI, Rita. A fazenda pública e o reexame necessário. *Op. cit.* 2001, *Aspectos...*, p. 918/919.

[127] É o que se pode inferir da análise da seguinte ementa: PROCESSUAL. AÇÃO RESCISÓRIA. CABIMENTO. RECURSO ESPECIAL. Não há dizer-se violada a vigência do art. 475, II, do CPC, ou de normas processuais outras que regem a intocabilidade da coisa julgada, quando a procedência da rescisória se prestou, justamente, para reparar a falta do exame obrigatório da sentença proferida contra o Estado-Membro, condicionante necessária a seu trânsito em julgado (REsp 29.146-3. DJ 21.2.1994, Rel. Min. José Dantas).

a fim de que seus efeitos possam ser legitimamente extraídos. Enquanto não confirmada, a sentença estará sujeita a uma condição suspensiva de sua eficácia.[128]

Para o referido processualista, os contornos do reexame necessário confirmam o fato de o mesmo representar condição de eficácia da sentença, pois o instituto, ao contrário dos recursos independe da vontade dos interessados; não tem prazo para ser observado; inexiste ônus para sua preterição salvo a ineficácia provisória da sentença, etc. Assim, tais peculiaridades reforçariam a ausência de natureza recursal do instituto, além de confirmarem a valorização do interesse público em razão da proteção dos entes estatais frente a condenações injustas.[129]

José Medina e Teresa Arruda Alvim Wambier asseveram tratar-se de condição legal de eficácia da sentença e não de recurso, cuja incidência independe da vontade das partes ou do juiz que a proferiu, além de voltar-se apenas à verificação da correção da decisão e não ao interesse das partes, como ocorreria se se tratasse de um recurso.[130]

Ernane Fidélis dos Santos vai de encontro a essa maioria, apresentando classificação diferenciada:

> Pela redação do art. 475, parece que houve descuido do legislador, ao firmar que a sentença não produz efeito senão depois de confirmada pelo tribunal, o que importa em negar qualquer eficácia da decisão de primeira instância. Mas, na verdade, o reexame obrigatório não está relacionado com a eficácia da sentença e sim com a própria coisa julgada. A sentença de primeira instância gera efeitos, desde o momento em que é proferida, como ocorre em todas as sentenças. Isto importa em dizer que o reexame necessário é condição de trânsito em julgado da sentença e não de sua eficácia. Os efeitos, simplesmente, não adquirem a imutabilidade, enquanto não for a decisão reexaminada. Tanto é verdade que o parágrafo único do art. 12 da Lei nº 1.533, de 31/2/51, com a nova redação dada pela Lei nº 6.071, de 3/7/74, posterior ao Código, permite a execução provisória (própria ou imprópria) da sentença que conceder o mandado de segurança, embora fique ela sujeita ao duplo grau de jurisdição.[131]

---

[128] PORTO, Sérgio Gilberto. *Manual dos recursos cíveis:* atualizado com as reformas de 2006 e 2007. 2. ed. Porto Alegre: Livraria do Advogado, 2008, p. 259.

[129] Idem.

[130] MEDINA, José Miguel Garcia; WAMBIER, Teresa Arruda Alvim. *Recursos e ações autônomas de impugnação.* São Paulo: Revista dos Tribunais, 2008, p. 32.

[131] SANTOS, Ernane Fidélis dos. *Manual de direito processual civil.* São Paulo: Saraiva, 1980, p. 343-344.

Há também uma corrente de autores que, a exemplo da ótica do reexame como condição, sustenta tratar-se, na verdade, de uma condição de existência da sentença. Segundo tal arguição, sendo o reexame integrativo de certeza da sentença de primeiro grau, não se pode alegar que ela é existente se permanece a causa sem ser submetida ao reexame.[132]

A tese que reputa inexistente a sentença não submetida ao reexame necessário é antiga e é defendida por Seabra Fagundes:

> Ao estipular a lei que de determinada sentença caberá recurso necessário, condiciona a integração e, conseqüentemente, a validez do pronunciamento jurisdicional ao dúplice exame da relação jurídica. Por imposição do seu texto, não haverá sentença, como ato estatal de composição da lide, antes que a segunda instância confirme ou reforme o que na primeira se decidiu. Haverá um pronunciamento jurisdicional em elaboração, por ultimar, pendente de ato posterior necessário. O julgado estará incompleto, como se diz em acórdão do Supremo Tribunal Federal. É o que se infere da natureza e finalidade desse recurso de exceção.[133]

Na mesma esteira, articula Juarez Rogério Félix que não se pode dizer que se a sentença não transita em julgado é porque não é sentença, falta-lhe o reexame como condição de existência, e não apenas eficácia, a despeito do texto expresso da lei, que não pode dispor contra a natureza das coisas.[134]

Afirmando o argumento de que o reexame necessário consiste em condição de existência da sentença, aduz Juarez Rogério Félix:

> Sendo o reexame necessário integrativo de certeza da sentença de primeiro grau, não se pode dizer que ela é existente se permanece a causa sem ser submetida ao reexame necessário. A sentença produzida nesse processo não é expressão da certeza que por meio dele a parte está buscando. O processo não foi útil para a parte em termos de futura execução, pois produziu o infrutífero resultado de remanescer a questão não julgada, a impedir se possa agitar validamente execução futura.[135]

Considerando a classificação da apelação *ex officio* como condição suspensiva, é preciso que se acrescente crítica fundamentada por parte da doutrina a tal tese, no sentido de que tal teoria explica tão só a condição jurídica da sentença sujeita a recurso, que pode ou não ser impugnado por iniciativa do legitimado a recorrer.

---

[132] TOSTA, Jorge. *Op. cit.*, 2003, p. 150.

[133] SEABRA FAGUNDES, Miguel. *Op. cit.*, 1946, p. 193/194.

[134] FÉLIX, Juarez Rogério. *Op. cit.*, 1999, p. 429.

[135] Idem.

É nesse sentido o entendimento de Araken de Assis, que, analisando tal tese da condição de eficácia da sentença, afirma:

Ela não se aplica, evidentemente, à hipótese em que a sentença, nada obstante a aquiescência expressa ou tácita dos litigantes manifestada quanto à deliberação tomada, permanece ineficaz sem a confirmação do tribunal. Em tal conjuntura, nunca "faltará" semelhante condição. O julgamento no tribunal assume o papel de evento futuro, mas imprescindível (=certo) à produção dos efeitos naturais do ato do juiz.[136]

A esse respeito também é importante colacionar a posição de Alcides de Mendonça Lima, ao ponderar que "o instituto é, portanto, como um complemento insubstituível para a validade e eficácia da decisão, que não vigerá por si mesma. Sem controle superior, a decisão não produz efeitos".[137]

Por esses motivos, Juarez Rogério Félix considera o reexame necessário como condição de existência da sentença, como explanado anteriormente.

Jorge Tosta tece críticas a essa ideia da remessa obrigatória como condição de validade da sentença por entender que "validade e existência (ou, negativamente, a nulidade e a inexistência) endoprocessualmente têm o mesmo regime jurídico".[138]

Assim, a ideia da remessa necessária como condição de eficácia da sentença é considerada incompatível com o conceito universal de "condição", além de ficar sem fundamento a hipótese da sentença, a despeito de subordinação a tal condição, excepcionalmente produzir efeitos, como ocorre no caso da execução provisória da sentença concessiva do mandado de segurança (art. 12, parágrafo único, da Lei nº 1.533/51).[139]

Portanto, há impropriedade na classificação de condição de eficácia, uma vez que o termo "condição" indica evento futuro e incerto e, no caso do reexame necessário, há verdadeiro fator de eficácia da sentença representado pela reapreciação da decisão pelo tribunal, porém tal fator não consiste em evento incerto, mas sim certo, já que determinado por lei.

---

[136] ASSIS, Araken de. *Op. cit.*, 2007, p. 850.

[137] LIMA, Alcides de Mendonça. *Op. cit.*, 1963, p. 173.

[138] TOSTA, Jorge. *Op. cit.*, 2005, p. 165.

[139] ASSIS, Araken de. *Op. cit.*, 2007, p. 850.

Há quem classifique o reexame necessário, considerando-o condição de eficácia das sentenças arroladas nos §§ 2º e 3º do art. 475 do CPC, "verdadeiro pressuposto do ato".[140] Ou, ainda, "requisito de eficácia da sentença".[141]

Merece crítica tal ideia não somente em face do que dispõe o art. 12, parágrafo único da Lei nº 1.533/51, mas pela própria sistemática do CPC, que admite a execução provisória mesmo em face da Fazenda Pública, nos casos previstos no art. 520, I a VII, do CPC.[142]

É o que enfatiza Cássio Scarpinella Bueno:

> Se, ontologicamente, pode até ser considerada legítima a afirmação de que o reexame necessário é avesso à idéia de eficácia da decisão a ele sujeita, do ponto de vista do direito positivo não podemos concordar com esse entendimento, por falta de previsão legal. O art. 475 e o art. 520, *caput*, do CPC, dessa forma, não apresentam qualquer relação entre si. Nesse sentido, o parágrafo único do art. 12 da Lei do Mandado de Segurança, referido por Alcides Mendonça Lima, é, muito mais, uma ênfase quanto à plena eficácia das decisões proferidas no mandado de segurança (hoje, como já tivemos a oportunidade de analisar, com supedâneo constitucional revitalizado) do que uma exceção ao art. 475 do CPC, vale dizer: proibição de execução provisória contra a Fazenda naqueles casos em que o sistema a admite, em *ultima ratio*.[143]

Contudo, é bastante corrente o entendimento de que é essencial que somente se considera recurso aquele que esteja previsto em lei como tal, fazendo parte do rol taxativo dos recursos.[144] Trata-se do chamado princípio da taxatividade, "segundo o qual somente são considerados como tais (como recursos) aqueles designados, em *numerus clausus*, pela lei federal".[145]

O fato de o CPC prever as situações de duplo grau obrigatório no curso do processo de conhecimento e, ao excluir a remessa

---

[140] ROSSI, Júlio César. O reexame necessário. *Revista Dialética de Direito Processual* n. 23, p. 44, fev. 2005.

[141] Idem.

[142] TOSTA, Jorge. *Op. cit.*, 2005, p. 166.

[143] SCARPINELLA BUENO, Cássio. *Execução provisória e antecipação da tutela*. São Paulo: Saraiva, 1999, p. 210-211.

[144] CUNHA, Leonardo José Carneiro da. *Op. cit.*, p. 178.

[145] NERY JUNIOR, Nelson. *Princípios fundamentais – teoria geral dos recursos*. 3. ed. São Paulo: Revista dos Tribunais, 1996, p. 44.

ex officio das modalidades recursais,[146] fez com que a doutrina concordasse em afastá-lo destas, que dependem da atitude do vencido, terceiro prejudicado e Ministério Público.[147]

Maira Terra Lauar entende que o dever legal que o juiz tem de determinar o conhecimento de sua decisão ao tribunal competente não pode ser tratado como recurso. Para a autora, a descaracterização da remessa necessária como recurso parte da premissa de que não possui as características deste, a saber: a voluntariedade, tipicidade, dialeticidade, interesse em recorrer, legitimidade, tempestividade, preparo e juízo de admissibilidade.[148]

São também nessa direção as ideias de Paulo Joel Bender Leal e Valdir Porto Alegre:

> Não obstante acessar-se ao segundo grau com a possibilidade de revogação ou modificação da sentença proferida pelo juízo de primeiro, não há como falar-se em recurso e sim de condição de validade e eficácia da sentença, face a imposição da lei de que a mesma seja submetida a reexame perante o juízo de segundo grau.[149]

Portanto, prevalece na doutrina, atualmente, a posição no sentido de que a remessa obrigatória não tem natureza jurídica de recurso, por uma série de razões: não há voluntariedade, não se trata de um ônus da parte sucumbente, assim como não há prazo, etc.[150]

Na mesma esteira de que o reexame necessário não se consubstancia da natureza de recurso, Rita Gianesini elenca alguns argumentos a reforçar tal ideia:

> A uma, por não ter sido enumerado, quer no art. 496 do CPC quer em lei extravagante, como tal. Aliás, está disciplinado no Código de Processo Civil na Seção relativa à coisa julgada. A duas porque o magistrado não está entre os legitimados a recorrer – art. 499 do CPC. A três porque falta ao juiz, evidentemente, a vontade

---

[146] THEODORO JÚNIOR, Humberto. Inovações da Lei nº 11.352, de 26.12.2001, em matéria de recursos cíveis e duplo grau de jurisdição. *Revista Síntese de Direito Civil e Processual Civil*, Porto Alegre, v. 4, n. 20, p. 127, nov./dez. 2002.

[147] PORTANOVA, Rui. *Princípios do processo civil.* 5. ed. Porto Alegre. Livraria do Advogado, 2003, p. 267.

[148] LAUAR, Maira Terra. Remessa necessária: questões controvertidas. In: *Processo civil: novas tendências: estudos em homenagem ao Professor Humberto Theodoro Júnior.* Belo Horizonte: Del Rey, 2008, p. 484.

[149] LEAL, Paulo Joel Bender; PORTO ALEGRE, Valdir. Duplo grau de jurisdição. *Revista IESA* – Instituto de Ensino Superior de Santo Ângelo, nº 2, p. 67, 1999.

[150] WAMBIER, Luiz Rodrigues; WAMBIER, Teresa Arruda Alvim. *Breves comentários à 2ª fase da reforma do código de processo civil.* 2. ed. São Paulo: Revista dos Tribunais, 2002, p. 119.

de impugnar a sentença que ele mesmo proferiu, não tem interesse algum na sua modificação. Não está inconformado com a sua decisão. Não é vencido ou sucumbente. A quatro, inexiste prazo para a remessa. Enquanto não for reexaminada, a sentença não produz efeito algum, não transita em julgado. A cinco, na hipótese de a Fazenda ingressar com recurso de apelação, a sentença estaria sendo, a rigor, impugnada por dois recursos, afrontando o princípio da singularidade. A seis, carece também das razões, da fundamentação, mesmo porque o magistrado não desenvolve argumentação contrária a sua própria.[151]

O prazo para os recursos é peremptório. Uma vez esgotado o prazo recursal, a decisão transita em julgado, produzindo coisa julgada em relação à decisão não impugnada. Já a remessa obrigatória não está sujeita a nenhum termo preclusivo. A esse respeito, esclarece Bernardo Pimentel Souza:

> Ao contrário dos recursos, que têm a apreciação do mérito condicionada à interposição dentro de prazo peremptório previsto em lei, a remessa obrigatória ocorre independentemente da manifestação de quem quer que seja, em prazo determinado. Com efeito, diferentemente dos recursos, o reexame necessário não está sujeito à observância do requisito de admissibilidade da tempestividade.[152]

Ainda no sentido de negar a feição recursal da remessa de ofício sob o argumento de que não ocorre o inconformismo da parte sucumbente: "[...] posto que o magistrado, por não ser parte, não sucumbe diante de sua decisão, tampouco tem interesse na sua modificação. Ao revés, deseja que seja mantida, muito embora submete-se ao novo julgamento por força do imperativo legal".[153]

Relativamente ao princípio do ônus de recorrer:

> [...] verificada a sucumbência em relação a uma ou ambas as partes, ou, ainda, se terceiro estranho ao processo restar atingido pela decisão, todos estão legitimados a recorrer, com vistas a tentar modificar este resultado. Se não o fizerem, esse resultado deverá cristalizar-se, seja pela preclusão, seja pela autoridade de coisa julgada formal e material [...].[154]

---

[151] GIANESINI, Rita. A Fazenda pública e o reexame necessário. In: NERY JUNIOR, Nelson; WAMBIER, Tereza Arruda Alvim (coord.) *Aspectos polêmicos e atuais dos recursos cíveis e de outras formas de impugnação às decisões judiciais*. São Paulo: Revista dos Tribunais, 2001, v. 4, p. 917.

[152] SOUZA, Bernardo Pimentel. *Introdução aos recursos cíveis e à ação rescisória*. Brasília: Brasília Jurídica, 2000, p. 105.

[153] BONILHA, José Carlos Mascari. *Recurso de ofício*. São Paulo: Juarez de Oliveira, 2002, p. 51.

[154] ARRUDA ALVIM, Eduardo Pellegrini de; NERY JÚNIOR, Nelson; WAMBIER, Teresa Arruda Alvim. *Aspectos polêmicos e atuais dos recursos*. São Paulo: Revista dos Tribunais, 2000, v. 5, p. 124.

Ainda sobre a natureza jurídica do instituto da remessa necessária entende Walter Vechiato Júnior:

> A natureza jurídica da remessa necessária consiste na condição legal de eficácia da sentença definitiva proferida contra as pessoas políticas (União, Estado-membro, Distrito Federal e Município) e as respectivas autarquias e fundações de direito público, bem como daquela que julgar procedente os embargos à execução de dívida ativa da fazenda pública (CPC, arts. 475, I e II, e 585, VI). A sentença, existente e válida, só surtirá efeitos após a confirmação pelo tribunal local, ou seja, enquanto não examinada pelo órgão colegiado, inexistirá trânsito em julgado, sendo tal pronunciamento ineficaz. Existe para preservar os interesses do erário público, patrimônio dos cidadãos e não configura óbice à interposição da apelação voluntária da parte sucumbente.[155]

Por fim, cabe trazer à baila o entendimento acerca da natureza jurídica do reexame necessário de Jorge Tosta em obra monográfica:

> Torna-se claro, portanto, que o reexame necessário tem natureza jurídica de condição suspensiva *ex lege*. Essa suspensividade é entendida como um prolongamento da ineficácia natural da própria sentença impugnada por "recurso com efeito suspensivo", a não ser quanto à circunstância de ser uma originada de ato voluntário (recurso) e a outra da própria lei (*ex lege*).[156]

Portanto, para se determinar a natureza jurídica do reexame necessário é preciso que se considere que o instituto opera efeitos no plano da eficácia da sentença. Como é cediço, existem os planos da existência, validade e eficácia. O plano da eficácia indica se determinado fato passa a produzir efeitos.

Assim, o fato entra no mundo jurídico para que aí produza efeitos, tendo, portanto, eficácia jurídica.[157] A eficácia "só não ocorrerá se se constatar algum obstáculo que resulte de causa extrínseca, o que vale dizer, fora do próprio ato, donde estaremos diante da ineficácia".[158] A ineficácia pode ser definida como "a inaptidão, temporária ou permanente, do fato jurídico para irradiar os efeitos próprios e finais que a norma jurídica lhe imputa".[159]

---

[155] VECHIATO JÚNIOR, Walter. *Tratado dos recursos cíveis*. São Paulo: Juarez de Oliveira, 2000, p. 250.

[156] TOSTA, Jorge. *Op. cit.*, 2005, p. 166.

[157] AZEVEDO, Antônio Junqueira. *Negócio jurídico*: existência, validade e eficácia. 4. ed. São Paulo: Saraiva, 2002, p. 23.

[158] OLIVEIRA, José Sebastião de. *Fraude à execução*. 2. ed. São Paulo: Saraiva, 1998, p. 14.

[159] MELLO, Marcos Bernardes de. *Teoria do fato jurídico*: plano da eficácia. 2. ed. São Paulo: Saraiva, 2004, p. 60.

O ato válido, mas sujeito a termo ou condição suspensiva, não se reveste de eficácia imediata, já que somente após o implemento do termo ou da condição terá possibilidade de produzir o efeito procurado pelas partes. É o que ocorre com a remessa necessária, onde a sentença, mesmo válida e existente, fica sujeita à reanálise pelo tribunal para adquirir eficácia e produzir seus efeitos.

3. Cabimento do reexame necessário

O instituto do reexame necessário, como referido anteriormente, está previsto no art. 475 do CPC e seu objetivo precípuo consiste no resguardo do interesse público, traduzido no máximo de certeza e justiça das sentenças em que haja sucumbência da Fazenda Pública. Assim, verificada tal situação, independente de haver provocação da parte interessada, o juiz ordenará a remessa dos autos ao tribunal, sob pena de a sentença não produzir seus respectivos efeitos. Não o fazendo o juiz da causa, deverá o presidente do tribunal avocá-los (art. 475, § 1º, do CPC).

Conforme Oreste Nestor de Souza Laspro,[160] somente nos casos previstos no art. 475 do CPC é que se encontra, expressamente, o duplo grau de jurisdição, que independe da vontade das partes em recorrer ou não. De acordo com tal entendimento, Oreste Nestor de Souza Laspro diferencia o direito de recorrer e o duplo grau de jurisdição obrigatório, afirmando que o recurso é um ato de vontade em que a parte sucumbente oferece impugnação se não se conformar com a decisão válida e eficaz; e o duplo grau de jurisdição, garantido em algumas hipóteses, independe da interposição de recurso.[161]

Em outra perspectiva, Ovídio Baptista[162] vislumbra um vínculo entre o direito geral de recorrer e a garantia do duplo grau de jurisdição, pois implicitamente no conceito de recurso, há uma autorida-

---

[160] LASPRO, Oreste Nestor de Souza. Garantia do duplo grau de jurisdição. In: *Garantias constitucionais do processo civil*. São Paulo: Revista dos Tribunais, 1999, p. 190-191.

[161] O autor justifica dizendo que no nosso sistema há inclusive recursos que podem ser ao próprio juiz da decisão impugnada, o que não se admite para a existência do duplo grau de jurisdição (LASPRO, Oreste Nestor de Souza. *Op. cit.*, 1999, p. 192).

[162] BAPTISTA DA SILVA, Ovídio Araújo. *Curso de processo civil*. 3. ed. Porto Alegre: Fabris, 1996, v. 1, p. 346.

de hierarquicamente superior àquela que proferiu a decisão, o que dá a ideia de existência do duplo grau de jurisdição.

Na antiga redação do art. 475 do CPC, a remessa necessária era obrigatória também em caso de sentença anulatória de casamento, matéria outrora reputada de interesse público, merecendo uma atenção especial por parte do Estado. Todavia, mediante a Lei nº 10.352/01, o legislador reformador entendeu que tal hipótese já não requer tanta proteção, retirando-a do rol de cabimento da remessa obrigatória.

Contudo, é salutar que se pondere que o interesse público de que se trata sofre variações de acordo com o objeto da remessa necessária na hipótese considerada. Isso porque o instituto não é exclusividade do CPC, tendo previsão também em diversos outros diplomas normativos, e em todos eles sempre em prol do interesse público, mas nem sempre esse interesse público se traduz na defesa da Fazenda Pública.

O interesse público efetivamente objetivado pela remessa necessária prevista no CPC, art. 475, de fato está centrado na defesa da Fazenda Pública. De outra banda, no caso do reexame necessário, em sede de Ação Popular, o interesse público protegido tem seus reflexos voltados para a verificação minuciosa do pedido popular e da causa de pedir popular, de modo a proporcionar um novo exame sobre a matéria, quando a sentença extinguir o processo por carência ou julgar improcedente o pedido popular.

Na ação de mandado de segurança, igualmente, o interesse público protegido com a remessa necessária não corresponde exatamente à defesa da Fazenda Pública, mas da Administração Pública. Enfim, existem diversas hipóteses em que o interesse público protegido no reexame necessário é distinto do interesse da Fazenda Pública, embora também constitua interesse público.

As hipóteses originalmente previstas no CPC sofreram alterações pela Lei nº 10.352/01. Foi então excluído o inciso I (que aplicava a remessa necessária às sentenças declaratórias de nulidade do casamento); reescrito o inciso II, que passaria a ser inciso I, nele sendo incluídas outras figuras da Fazenda Pública, substituindo-se a expressão "proferida contra a União, o Estado e o Município", por "proferida contra a União, o Estado, o Distrito Federal, o Município, as autarquias e fundações de direito público".

O art. 475, I, do CPC passou a englobar os pronunciamentos condenatórios contra as autarquias, como já o fizera o art. 10 da Lei nº 9.469/97,[163] e as fundações públicas. Em consequência, há revisão obrigatória nas causas previdenciárias, porque o instituto de previdência oficial organizou-se sob a forma autárquica.[164]

Relativamente às fundações, é importante que se observe sua personalidade (pública ou privada) outorgada no momento da respectiva constituição. Aquelas fundações mantidas pelo poder público, mas com natureza privada, não sofrerão a revisão obrigatória. Pelo mesmo motivo, não haverá reexame das sentenças proferidas contra empresas públicas e sociedades de economia mista, porque possuem personalidade jurídica privada, conforme o art. 173, § 1º, da Constituição Federal de 1988.[165]

Sobre tal acréscimo promovido pela reforma é importante observar que, na verdade, apenas procurou-se positivar a matéria, uma vez que a prática forense há muito já admitia a inclusão das autarquias e fundações públicas no rol dos entes protegidos pelo reexame necessário. Portanto, a Lei nº 10.352/01 apenas trouxe para o bojo do CPC um consenso da prática jurídica, que, inclusive, já havia sido positivado pela Lei nº 9.469/97 (art. 10).

Da mesma maneira, a inclusão do Distrito Federal no rol dos beneficiários da remessa necessária, ocorreu apenas para reparar a lacuna deixada pelo legislador de 1973, porquanto ninguém jamais duvidou de que ao Distrito Federal seria estendido o mesmo tratamento conferido aos demais entes federativos.

Humberto Theodoro Júnior[166] promoveu diferenciada análise do novo dispositivo. Afirma ele que não estão incluídas no rol das pessoas trazidas pelo inciso I (órgãos da administração direta, suas autarquias[167] e fundações de direito público) as empresas públicas e

---

[163] Lei nº 9.469, de 10 de julho de 1997: Art. 10. Aplica-se às autarquias e fundações públicas o disposto nos arts. 188 e 475, *caput*, e no seu inciso II, do Código de Processo Civil.

[164] ASSIS, Araken de. *Op. cit.*, 2007, p. 850.

[165] TOSTA, Jorge. *Op. cit.*, 2005, p. 190.

[166] THEODORO JÚNIOR. Humberto. *Op. cit.*, 2002, p. 128-129.

[167] Corte Especial, EREsp 226.387, 7.3.2001, Min. Rel. Garcia Vieira e Min. Rel. p/ Acórdão Fontes de Alencar, DJ 24.6.2002, p. 172. "A Corte Especial decidiu, por maioria, que a sentença que julgar improcedentes os embargos à execução de título judicial opostos pela autarquia, no caso o INSS, não está sujeita ao reexame necessário (art. 475, II, CPC)".

sociedades de economia mista,[168] pois não são consideradas Fazenda Pública,[169] pois a CF em seu art. 173, § 1º, II,[170] prescreve que elas se sujeitam ao "regime jurídico próprio das empresas privadas". Além disso, em vista do ideal da efetividade da tutela e pela ampla possibilidade de contestações e recursos postos à disposição de tais instituições, não se pode estender-lhe tal benefício.[171]

As sentenças oriundas das situações previstas no inciso I dizem respeito exclusivamente às que resolvem o mérito,[172] afastando-se as que extinguem o processo mediante sentença terminativa, mesmo que vencida a Fazenda Pública.

A controvérsia relativa ao cabimento do reexame necessário quanto às sentenças que extinguem o processo sem resolução do mérito, em que figure como parte a Fazenda Pública, remonta à redação originária do art. 475 do CPC.[173] Tal fato ocorre, de acordo com parte da doutrina, em razão do termo *sentença proferida contra* aludir ao ato judicial que extingue o processo com resolução de mérito.[174]

---

[168] Ver decisão monocrática em REsp 646.860 – SP, Rel. Min. Hermann Benjamin, 20.10.2008. Excerto: "O reexame necessário nunca beneficiou as empresas públicas ou de economia mista".

[169] CHEIM, Flávio Jorge; DIDIER JR., Fredie; RODRIGUES, Marcelo Abelha. *Op. cit.*, 2003, p. 125.

[170] "Art. 173. Ressalvados os casos previstos nesta Constituição, a exploração direta de atividade econômica pelo Estado só será permitida quando necessária aos imperativos da segurança nacional ou a relevante interesse coletivo, conforme definidos em lei. § 1º A lei estabelecerá o estatuto jurídico da empresa pública, da sociedade de economia mista e de suas subsidiárias que explorem atividade econômica de produção ou comercialização de bens ou de prestação de serviços, dispondo sobre: [...]; II – a sujeição ao regime jurídico próprio das empresas privadas, inclusive quanto aos direitos e obrigações civis, comerciais, trabalhistas e tributários;"

[171] PORTO, Sérgio Gilberto. *Op. cit.*, 2008, p. 265.

[172] Sobre a sentença de mérito, leciona José Maria Rosa Tesheiner: "Na sentença de mérito, o juiz acolhe ou rejeita o pedido do autor; pronuncia a decadência ou a prescrição; declara que o autor renunciou ao direito sobre que se fundava a ação ou que o réu reconheceu a procedência do pedido ou, finalmente, homologa transação (CPC, art. 269)" (TESHEINER, José Rosa Maria. *Elementos para uma teoria geral do processo*. São Paulo: Saraiva, 1993, p. 140-141).

[173] CUNHA, Leonardo José Carneiro da. *Op. cit.*, 2007, p. 181.

[174] PORTO, Sérgio Gilberto. *Comentários ao Código de Processo Civil*. São Paulo: Revista dos Tribunais, 2000, v. 6, p. 237. Nesse sentido, é o teor da Súmula 137 do TFR: "A sentença que, em execução fiscal promovida por autarquia, julga extinto o processo sem decidir o mérito (Código de Processo Civil, art. 267), não está sujeita ao duplo grau de jurisdição obrigatório".

Todavia, sendo proferida sentença terminativa em processo em que a Fazenda Pública figura no polo passivo, esta não restou sucumbente, pois a sentença não foi proferida *contra* a Fazenda Pública, sendo incabível, portanto, o reexame necessário.

Mas é preciso referir o caso em que a sentença terminativa proferida contra a Fazenda Pública contém condenação ao pagamento de verba honorária. Jorge Tosta entende que é cabível o reexame se o valor da verba honorária exceder a 60 salários mínimos (art. 475, § 2º, do CPC), já que, nesse caso, ocorreu prejuízo ao patrimônio público. O autor ainda refere que esse entendimento acha-se sufragado no STJ, ao considerar *reformatio in pejus* a decisão do tribunal local que, em reexame necessário, impõe à Fazenda Pública a condenação em honorários advocatícios quando a sentença de primeiro grau não o fez.[175]

Na hipótese de a Fazenda Pública figurar como autora da demanda, não haveria, segundo esse mesmo entendimento, sentença proferida contra o ente público, eis que somente se profere sentença contra o réu. Luiz Manoel Gomes Júnior entende que "independentemente da posição ocupada pelo ente de direito público, se a sentença lhe foi contrária, desde que com apreciação do mérito, sempre haverá necessidade do reexame".[176] Assim, segundo o doutrinador, figurando a Fazenda Pública no processo como autor ou como réu, deve haver o reexame necessário, desde que a sentença seja de mérito.

Nelson Nery Junior entende que a sentença extintiva do processo sem julgamento de mérito não se consubstancia em sentença proferida contra a Fazenda Pública ou autarquia, já que haveria somente o reconhecimento judicial de que não se podia examinar a questão de fundo, motivo pelo qual essa sentença não é passível de remessa obrigatória.[177]

A jurisprudência do STJ está em consonância com tal entendimento, não admitindo o reexame necessário relativamente às sentenças terminativas.[178]

---

[175] TOSTA, Jorge. *Op. cit.* 2005, p. 236.

[176] GOMES JÚNIOR, Luiz Manoel. Anotações sobre a nova fase da reforma do CPC – âmbito recursal. In: NERY JUNIOR, Nelson; WAMBIER, Tereza Arruda Alvim (coord.). *Op. cit.*, 2001, v. 4, p. 647.

[177] NERY JUNIOR, Nelson. *Princípios fundamentais: teoria geral dos recursos.* 2. ed. rev. e ampl. São Paulo: Revista dos Tribunais, 1993, p. 63/64.

[178] RECURSO ESPECIAL. PROCESSO CIVIL. ANTECIPAÇÃO DOS EFEITOS DA TUTELA. REQUISITOS AUTORIZADORES. SÚMULA N. 7/STJ. REEXAME NECESSÁRIO. ART. 475

Porém, é importante destacar a corrente que entende pelo cabimento do reexame necessário em qualquer tipo de sentença, inclusive nas terminativas.[179]

É também nesse sentido a doutrina de Cândido Rangel Dinamarco quanto à questão:

> O inc. II refere-se aos processos não executivos em que a União, Estado ou Município sejam partes, como autor ou réu (é claro que, como oponente, nomeada à autoria, litisdenunciada ou chamada ao processo, ela se enquadrará numa dessas posições); nesses processos, basta que haja uma sentença desfavorável a uma dessas pessoas jurídicas de direito público, para que incida o inc. II e seja obrigatório o duplo grau de jurisdição, a saber: a) se ela for ré, uma sentença que julgue procedente a ação; b) se for autora, toda sentença que julgue improcedente ou extinga o processo sem julgamento do mérito.[180]

Hélio do Valle Pereira entende que o instituto do reexame necessário apenas se aplica à sentença proferida contra a Fazenda Pública que analisa o mérito. O autor defende sua posição no fato de que o reexame destina-se a preservar o interesse fazendário primário e, se a decisão é meramente terminativa do feito, gerando apenas coisa julgada formal, não existiria razão para maiores precauções.[181]

DO CPC. INAPLICABILIDADE. VERBA DE CARÁTER ALIMENTAR. EXCEÇÃO AO ART. 2º-B DA LEI N. 9.494/97. 1. A análise da presença dos requisitos ensejadores da antecipação dos efeitos da tutela, na forma do art. 273, I e II, do CPC, requer o revolvimento do espectro probatório contido nos autos, o que significa exceder o âmbito de cognição conferido ao recurso especial pela Lei Maior, consoante adverte a Súmula n. 7/STJ. 2. A decisão que antecipa os efeitos da tutela proferida no curso do processo tem natureza de interlocutória, não lhe cabendo aplicar o art. 475 do CPC, o qual se dirige a dar condição de eficácia às sentenças proferidas contra a Fazenda Pública, quando terminativas com apreciação do mérito (art. 269 do CPC). 3. A jurisprudência desta Corte Superior tem se posicionado firmemente no sentido de, bem sopesada a *ratio legis* que motivou o legislador ao editar o art. 2º-B da Lei n. 9.494/97, excetuar a regra a fim de fazer valer direitos irrenunciáveis. 4. Recurso especial parcialmente conhecido e, nesse ponto, não provido (REsp 659200/DF, 6ª Turma, Rel. Ministro Hélio Quaglia Barbosa, DJ 11.10.2004, p. 384).

[179] Esse é o entendimento de Rita Gianesini (GIANESINI, Rita. A fazenda pública e o reexame necessário. In: NERY JUNIOR, Nelson; WAMBIER, Tereza Arruda Alvim (coord.). *Op. cit.* 2001, v. 4, p. 920) e Cláudia Simardi (SIMARDI, Cláudia A. Remessa obrigatória. In: NERY JUNIOR, Nelson; WAMBIER, Tereza Arruda Alvim (coord.). *Op. cit.*, 2000, p. 128).

[180] A citada doutrina de Dinamarco alude à redação do art. 475 do CPC antes da reforma da Lei nº 10.352/01. Logo, a referência feita ao inciso II deve ser considerada, atualmente, como feita ao inciso I (DINAMARCO, Cândido Rangel. *Fundamentos do processo civil moderno*. 3. ed. São Paulo: Malheiros, 2000, t. 1, p. 213).

[181] O autor ainda ressalta que: "devem ser consideradas como referentes ao mérito todas as sentenças que envolvam deliberação sobre o direito material. Como tal, estão incluídas as

Jorge Tosta define a questão de forma objetiva ao afirmar que "é irrelevante para definir a incidência do reexame necessário o juiz ter ou não examinado a questão de fundo, isto é, o mérito da ação. O que importa, em verdade, é saber se a sentença prolatada pelo juiz impôs algum gravame ao ente público, sob o ponto de vista prático, que seja considerado relevante pela lei".[182] Se a resposta for afirmativa, a sentença deverá ser submetida ao reexame necessário, mesmo quando não tenha examinado o mérito.

Com a referida Lei nº 10.352/01, o inciso III passou a ser inciso II, com modificação do texto. A redação anterior assim dispunha: "III – que julgar improcedente a execução de dívida ativa da Fazenda Pública (art. 585, número VI)". Após a reforma vigora a seguinte redação: "II – que julgar procedentes, no todo ou em parte, os embargos à execução de dívida ativa da Fazenda Pública (art. 585, VI)".

Referente à execução de dívida ativa, não se está tratando da sentença do art. 795[183] do CPC, pois esta encerra o processo. Aqui, aplica-se o duplo grau nos casos de procedência,[184] total ou parcial, dos embargos à execução fiscal (inciso II). Dessa remessa infere-se que o dispositivo não se aplica quando se tratar de execução diferente da oriunda de dívida ativa.[185]

Foi substituída a expressão "que julgar improcedente a execução" pela expressão "que julgar procedentes, no todo ou em parte,

---

modalidades expostas no art. 269 (claro que excetuada a transação), bem assim aquelas que, nada obstante à nomenclatura, também respeitem ao direito substantivo. Por exemplo, o indeferimento da petição inicial com base na decadência (arts. 295, inc. IV, c/c 267, inc. I) é inegavelmente pertinente ao mérito (PEREIRA, Hélio do Valle. *Manual da fazenda pública em juízo*. 2. ed. Rio de Janeiro: Renovar, 2006, p. 139).

[182] TOSTA, Jorge. *Op. cit.*, 2005, p. 238.

[183] "Art. 795: A extinção só produz efeito quando declarada por sentença".

[184] A *contrario sensu*, "a Remessa *ex officio* contida no art. 475, II, do Estatuto Processual Civil, não cabe em fase de Embargos à Execução, sendo de rigor o recebimento da apelação de sentença que os julga improcedentes, somente no efeito devolutivo, conforme preceitua o art. 520, IV, do mesmo diploma legal". (STJ, 5ª T., REsp. 324.670, 08.10.2002, Rel. Min. Jorge Scartezzini, DJ 2.12.2002, p. 333).

[185] Em sentido contrário, entende Rita Gianesini: "o legislador não excepcionou decisão alguma contrária às pessoas jurídicas de direito público. Ademais, confirmada a condenação, por força do art. 475 do CPC, nada impede que sua execução seja feita em desacordo com a lei. Daí a obrigatoriedade do duplo exame, também nesta oportunidade" (GIANESINI, Rita. A Fazenda Pública e o Reexame Necessário. In: NERY JUNIOR, Nelson; WAMBIER, Tereza Arruda Alvim (coord.). *Op. cit.*, 2001, p. 917 e 922).

os embargos à execução". A alteração objetivou tão somente corrigir a imprecisão literal existente no texto anterior, que se referia impropriamente à "improcedência da execução". Para muitos,[186] na execução não se deve falar em improcedência do pedido satisfativo, pois não há propriamente uma apreciação cognitiva. Em contrapartida, é possível sim, em certas situações, falar-se em improcedência dos embargos à execução, pois nesse é que há uma efetiva atividade cognitiva. Assim, o legislador lapidou a literalidade do comando legal para então adequá-lo à devida técnica.

Na realidade, esta sentença já estaria "abrangida pelo inciso II, já que se trata de pretensão formulada contra pessoa jurídica de direito público, sob sua faceta "Fazenda".[187]

A situação a que se refere o inciso II do art. 475 do CPC remete à execução fiscal, regulada pela Lei nº 6.830/80, consistindo no processo de execução da dívida ativa da Fazenda Pública de quaisquer das esferas da federação, devendo-se entender por dívida ativa, conforme dispõe o art. 2º da lei mencionada, toda aquela definida como tributária ou não tributária na Lei nº 4.320, de 17.3.1964, com as alterações posteriores, ou seja, qualquer valor, cuja cobrança seja atribuída por lei à União, aos Estados, ao Distrito Federal, aos Municípios e às suas respectivas autarquias e fundações públicas. Em suma, é dívida ativa todo crédito devido à Fazenda Pública.[188]

Convém alertar que, para os fins do disposto do art. 475, inciso II, do CPC, a sentença[189] que acolher a exceção de executividade (ou

---

[186] Como, por exemplo, Rita Gianesini, que entende: "Merece reparo inicial o dispositivo posto que inexiste execução improcedente, mas procedência ou improcedência dos embargos" (GIANESINI, Rita. A Fazenda Pública e o Reexame Necessário. In: NERY JUNIOR, Nelson; WAMBIER, Tereza Arruda Alvim (coord.). *Op. cit.*, 2001, p. 923).

[187] COELHO, Rogério. Reexame necessário e uniformização de jurisprudência. In: NERY JUNIOR, Nelson; WAMBIER, Tereza Arruda Alvim (coord.). *Aspectos polêmicos e atuais dos recursos cíveis e de outras formas de impugnação às decisões judiciais.* São Paulo: Revista dos Tribunais, 2005, v. 9, p. 564.

[188] BARROS, Clemilton da Silva. *Op. cit.*, 2007, p. 71.

[189] Segundo Paulo Henrique Moura Leite, "a decisão que julga a exceção de pré-executividade, a meu ver, deverá ser submetida ao reexame necessário desde que tenha a natureza jurídica de sentença" (LEITE, Paulo Henrique Moura. Algumas anotações sobre os recursos no processo civil em face da Lei nº 10.352, de 26 de dezembro de 2001. *Revista Jurídica*, n. 297, p. 34, jul. 2002).

pré-executividade) interposta pelo devedor equivale à sentença de procedência dos embargos.[190]

O legislador silenciou quanto a tal questão e acabou não cogitando da possibilidade de a execução ser extinta com exame de mérito por acolhimento de exceção de pré-executividade, instrumento processual que possibilita a defesa do executado independentemente de garantia do juízo e dos embargos nos casos de flagrante nulidade e ausência de condições da ação e outras matérias de ordem pública, desde que não demandem instrução probatória.[191]

O antigo parágrafo único, atual § 1º, suprimiu a palavra "voluntária" frisando-se que o termo *apelação* sempre se refere àquela feita voluntariamente. Dessa forma, tenha sido apresentado ou não recurso de apelação, seja pela Fazenda Publica, ou pelo particular, os autos subirão obrigatoriamente para reanálise.[192]

A lei reformada, além de transformar o parágrafo único em § 1º, incluiu os §§ 2º e 3º, cujos teores representam duas limitações ao cabimento da remessa necessária. Assim, embora sucumbente a Fazenda Pública, não haverá reexame obrigatório sempre que a condenação, ou o direito controvertido, corresponder a valor certo não excedente a 60 (sessenta) salários mínimos,[193] bem como no caso de procedência dos embargos do devedor na execução de dívida ativa do mesmo valor, e também quando a sentença estiver fundada em jurisprudência do plenário do Supremo Tribunal Federal ou em súmula do tribunal superior competente.

Conforme Francisco Glauber Pessoa Alves, "a exegese do atual § 2º do art. 475 do CPC se constitui em grande evolução no instituto, vez que dele se excluem as causas meramente declaratórias ou constitutivas, quando o direito controvertido não possuir repercussão econômica ou quando esta não supere os 60 salários mínimos".[194]

---

[190] MACHADO, Antônio Cláudio da Costa. *Código de processo civil interpretado*. 5. ed. Barueri: Manole, 2006.

[191] VAZ, Paulo Afonso Brum. O reexame necessário no novo processo civil. *Revista do Tribunal Regional Federal da 4ª Região*. Porto Alegre, n. 54, p. 65, 2004. Trimestral.

[192] CHEIM, Flávio Jorge; DIDIER JR., Fredie; RODRIGUES, Marcelo Abelha. *Op. cit.*, 2003, p. 126.

[193] O projeto mencionava o valor não excedente a 40 salários mínimos; a lei, porém, adotou o valor não excedente a 60 salários mínimos.

[194] ALVES, Francisco Glauber Pessoa. A remessa necessária e suas mudanças (Leis 10.259/01 e 10.352/01). *Revista de Processo*, n. 108, p. 31, out-dez de 2002.

Todavia, é importante que se destaque uma lacuna na redação do § 2°, parte final do art. 475, residente na referência equívoca de "dívida ativa do mesmo valor", que "dissipa as ilusões de simplicidade e clareza".[195] O teor do § 2° do art. 475 induz à interpretação de que, salvo engano, a regra alude à execução do crédito fiscal não superior ao limite fixado na primeira parte (60 salários mínimos).[196]

Portanto, é o valor da causa na execução, *tout court*, que importa e não o valor da sucumbência nos embargos. O valor da causa na execução não poderá exceder o limite estipulado e as sentenças de procedência dos embargos do executado, implicando sucumbência do exequente inferior a 60 salários mínimos, subirão em reexame ao tribunal no caso de o valor pretendido na execução ultrapassar a esse limite.[197]

Sobre tal questão, posiciona-se Humberto Theodoro Júnior:

> No caso dos embargos à execução fiscal, quando procedentes, o valor de sessenta salários mínimos deverá corresponder ao da dívida exeqüenda quando a impugnação versar sobre a totalidade da dívida ativa cobrada; e o valor que lhe foi subtraído, quando os embargos se referirem a apenas a parte do débito ajuizado (§ 2º, *in fine*); de qualquer maneira, o que se haverá de considerar é o resultado do julgamento dos embargos e não o valor questionado na propositura dos embargos à execução fiscal.[198]

Tal possibilidade de remessa não se esgota apenas nisso, pois a execução pode se extinguir sem a presença dos embargos, *v.g.*, por força do controle do juiz sobre o processo ou ainda pelo acolhimento da objeção de pré-executividade. Portanto, a interpretação a ser feita é aquela a permitir o cabimento da remessa quando a sentença dos embargos for contrária aos interesses da Fazenda.[199]

Conforme preceitua Araken de Assis, há dois problemas graves que atrapalham a correta interpretação do art. 475, § 2°. O primeiro diz respeito ao valor do crédito da Fazenda Pública. Ocorre que o art. 87 do ADCT da CF/88, na redação da EC 37/02, estipula limites

---

[195] ASSIS, Araken de. *Op. cit.*, 2007, p. 855.

[196] MOREIRA, José Carlos Barbosa. *Op. cit.*, 2007, p. 199.

[197] ASSIS, Araken de. *Op. cit.*, 2007, p. 855.

[198] THEODORO JÚNIOR. Humberto. *Op. cit.*, 2002, p. 128.

[199] CHEIM, Flávio Jorge; DIDIER JR., Fredie; RODRIGUES, Marcelo Abelha. *Op. cit.*, 2003, p. 125-126. No mesmo sentido: MEDINA, José Miguel Garcia; WAMBIER, Teresa Arruda Alvim. *Op. cit.*, 2008, p. 33.

diferentes e menores para a Fazenda Pública dos Estados-membros (inciso I: 40 salários mínimos) e dos Municípios (inciso II: 30 salários mínimos). Assim, poder-se-ia cogitar uma revogação parcial do art. 475, § 2º, na seara das Fazendas estadual, distrital e municipal, em razão da emenda constitucional superveniente. No mínimo, é necessária interpretação em consonância com o art. 87, I e II, do ADCT da CF/88, subordinando-se a reexame todas as sentenças cuja repercussão exceda os referidos limites.[200]

O segundo problema na redação do art. 475, § 2º, parece ser ainda mais grave quando exige "valor certo", não superior a sessenta salários mínimos, a ser apurado na condenação ou no direito controvertido.

Valor certo corresponde a valor quantificado economicamente, valor líquido e sentença condenatória de valor "certo" é aquela que contém o valor da condenação estipulado ou que possa ser aferido com base em elementos constantes dos autos, sem maiores indagações.[201]

Sobre tal aspecto, pondera Araken de Assis:

> Não utiliza a lei parâmetro resultante do valor da causa, porque nem sempre corresponde ao valor econômico da causa (art. 258). Num caso e noutro, entretanto, surgem óbvias dificuldades. A despeito do empenho em forçar a condenação em valor líquido, raros pronunciamentos atingem semelhante nível de perfeição, optando o autor (ao redigir o pedido) e o órgão judiciário (ao acolher o pedido) por fórmula genérica. A exigência de que o valor certo seja indicado expressamente no provimento tornaria impraticável a disposição. E permanece imperioso avaliar o conteúdo econômico da causa no momento da prolação da sentença.[202]

Sobre tal questão observa Sérgio Gilberto Porto que "desimporta, no ponto, o valor dado à causa, mas sim o dano potencial da Fazenda, quer pela via de sua condenação, quer pela desconstituição de dívida em seu favor (quando são julgados procedentes os embargos em execução fiscal)".[203]

A jurisprudência do STJ aponta para solução mais objetiva, entendendo no sentido de que, revelando-se ilíquida a condenação, remete ao valor da causa corrigido.[204] Porém, há julgado no STJ no

---

[200] ASSIS, Araken de. *Op. cit.*, 2007, p. 856.

[201] VAZ, Paulo Afonso Brum. *Op. cit.*, 2004, p. 58.

[202] ASSIS, Araken de. *Op. cit.*, 2007, p. 856.

[203] PORTO, Sérgio Gilberto. *Op. cit.*, 2008, p. 263.

[204] PROCESSUAL CIVIL. ADMINISTRATIVO. LIMITAÇÃO AO REEXAME NECESSÁRIO. INTRODUÇÃO DO § 2º DO ART. 475 DO CPC. CAUSA DE VALOR CERTO NÃO EXCEDENTE A 60 (SESSENTA) SALÁRIOS MÍNIMOS. 1. O "valor certo" referido no § 2º do art.

sentido de não utilizar o valor da causa como parâmetro, mas sim o valor da condenação ou do direito controvertido, que, para a aplicação da exceção imposta pelo § 2º do art. 475 do CPC, deve ser certo e não superior a 60 salários mínimos. A fundamentação do julgado é na direção de que o critério do valor da causa é de natureza essencialmente econômica, não suscetível de ser aplicado às causas fundadas em direito de outra natureza.[205]

Portanto, o critério para verificação da incidência da regra do § 2º do art. 475 será o valor fixado na sentença.[206]

Assim, relativamente à controvérsia em torno da interpretação da expressão "valor certo", constante no § 2º, do art. 475, do CPC, decidiu o STJ em julgamento:

> Neste contexto, impõe-se considerar o espírito do legislador que, com a intenção de agilizar a prestação jurisdicional, implementou diversas alterações recentes no Código de Processo Civil, como a do caso vertente com relação ao § 2º do artigo 475 do Estatuto Processual. Desta forma, não é razoável obrigar-se à parte vencedora aguardar a confirmação pelo Tribunal de sentença condenatória cujo valor não exceda a 60 (sessenta) salários mínimos. Em sendo assim, a melhor interpretação à expressão "valor certo" é de que o valor limite a ser considerado seja o correspondente a 60 (sessenta) salários mínimos na data da prolação da sentença, porque o reexame necessário é uma condição de eficácia desta. Assim, será na data da prolação da sentença a ocasião adequada para aferir-se a necessidade de reexame necessário ou não de acordo com o "quantum" apurado no momento. Neste sentido, quanto ao "valor certo", deve-se considerar os seguintes critérios e hipóteses orientadores: a) havendo sentença condenatória líquida: valor a que foi condenado o Poder Público, constante da sentença; b) não havendo sentença condenatória (quando a lei utiliza a terminologia direito controvertido – sem natureza condenatória) ou sendo esta ilíquida: valor da causa atualizado até a data da sentença, que é o momento em que deverá se verificar a incidência ou não da hipótese legal.[207]

---

475 do CPC deve ser aferido quando da prolação da sentença e, se não for líquida a obrigação, deve-se utilizar o valor da causa, devidamente atualizado, para o cotejamento com o parâmetro limitador do reexame necessário. Precedentes. 2. Agravo regimental desprovido. (AgRg no Ag 721784/MS – 5ª Turma do STJ, 4.4.2006, Rel. Min. Laurita Vaz, DJU 8.5.2006, p. 275). Ainda nessa direção, tem-se o julgado: 6ª Turma do STJ, AgRg no REsp 103824 – PR, 20.5.2008, Rel. Min. Hamilton Carvalhido, DJ 25.8.2008.

[205] REsp 704677/SP, 1ª Turma do STJ, Rel. Min. Teori Albino Zavascki, DJ 7.11.2005, p. 116.

[206] VAZ, Paulo Afonso Brum. *Op. cit.*, 2004, p. 58.

[207] STJ, 5ª T., REsp 576.698 – RS, 8.6.2004, Rel Min. Gilson Dipp, DJ 1º.7.2004, p. 265. LEX STJ. v. 182, p. 187.

Ainda é possível discutir outra questão que emerge da hermenêutica do § 2º, do art. 475, do CPC. Tal debate é tratado por Flávio Cheim Jorge, Fredie Didier Jr. e Marcelo Abelha Rodrigues e diz respeito à cumulação subjetiva em litisconsórcio ativo[208] quando as pretensões individualizadas não atingem o valor de 60 salários mínimos. Segundo os autores, mesmo havendo relações jurídicas distintas, o processo, em sua dimensão econômica, ganha outra estrutura. Nesse caso, a condenação deve ser vista como um todo, apesar de cada parte autora receber sua quota individualmente.[209]

Em sentido diverso, é o entendimento de Paulo Afonso Brum Vaz:

> Tratando-se de demanda em que há litisconsórcio ativo, o valor da condenação ou o da causa, quando não houver condenação, para fins de dispensa do reexame necessário, será considerado *per capita*. No caso de condenação, portanto, considera-se o valor individual de cada uma das condenações, não sendo reexaminada a sentença quanto ao autor ou autores favorecidos com condenação inferior ao limite legal.[210]

Contudo, o valor da causa nem sempre é individualizado por autor e geralmente ocorre a atribuição de valor único global. O problema pode ser resolvido através da divisão do valor total atribuído à causa pelo número de litisconsortes,[211] tal como preceituava a Súmula nº 261 do extinto Tribunal Federal de Recursos: "No litisconsórcio ativo voluntário, determina-se o valor da causa, para efeitos de alçada recursal, dividindo-se o valor global pelo número de litisconsortes".[212]

---

[208] Sobre a distinção entre o cúmulo subjetivo e o litisconsórcio, leciona Araken de Assis: "[...] a simples e formal pluralidade de sujeitos não implica, *tout court*, cúmulo subjetivo, que só ocorre quando cada um deduz direitos subjetivos autônomos. Em alguns casos, os litisconsortes vêm conjuntamente ao processo, baseados no mesmo e único direito, e, assim, desaparece a cumulação de ações" (ASSIS, Araken de. *Cumulação de ações*. 4. ed. São Paulo: Revista dos Tribunais, 2002, p. 160).

[209] CHEIM, Flávio Jorge; DIDIER JR., Fredie; RODRIGUES, Marcelo Abelha. *Op. cit.*, 2003, p. 128-129.

[210] VAZ, Paulo Afonso Brum. *Op. cit.*, 2004, p. 64.

[211] O art. 46, I, do CPC, permite o litisconsórcio quando duas ou mais pessoas mantêm comunhão de direitos ou obrigações relativamente à lide. O art. 46, II, do CPC, estatui que mais de uma pessoa pode demandar conjuntamente derivando os seus direitos ou obrigações de idêntico fundamento de fato ou de direito (ASSIS, Araken de. *Op. cit.*, 2002, p. 172-174).

[212] VAZ, Paulo Afonso Brum. *Op. cit.*, 2004, p. 64-65.

Ainda segundo o autor, ocorrendo cumulação e pedidos, a regra deve ser diversa, devendo-se considerar o montante da condenação ou do valor da causa.[213]

Já no caso do § 3°, o critério vislumbrado está relacionado com a plausibilidade do direito discutido, numa clara homenagem à jurisprudência do Supremo Tribunal Federal (STF) e dos tribunais superiores, evitando assim o retardamento da prestação jurisdicional. Nos moldes da norma anterior não fazia qualquer sentido o duplo grau obrigatório quando a sentença, para condenar a Fazenda Pública, fundava-se em jurisprudência do STF ou em súmula do tribunal superior competente, uma vez que a instância especial seria confirmada a sucumbência.

Por outro lado, o § 3° em apreço determina que a fundamentação da sentença possa ser suprida exclusivamente pela súmula aplicável à hipótese. Ainda que o juiz tenha aditado argumentação própria, estranha àquele enunciado, não haverá o duplo grau de jurisdição obrigatório. Aliás, ao contrário, ainda que o julgador não tenha feito referência à súmula, mas tendo ela aplicabilidade, emprega-se a regra em observação. Também é importante destacar que a súmula deverá existir no momento da publicação da sentença. Se surgir posteriormente, a remessa continua cogente.[214]

Sobre tal questão, evidencia José Rogério Cruz e Tucci:

> Não é preciso salientar que, nesse caso, o respectivo posicionamento pretoriano deve ser atual, vale dizer, deve ainda traduzir sobre a matéria controvertida o pensamento da maioria dos integrantes do STF ou da respectiva seção do tribunal superior.[215]

O art. 475, § 3°, também suscita dúvidas em razão da relevância do exame dos fundamentos da resolução judicial. O reexame necessário não caberia apenas quanto às questões resolvidas exclusivamente com base em súmula do tribunal superior ou na jurisprudência do plenário do STF. Assim, não bastaria a jurisprudência das turmas, e, de resto, a orientação precisaria ser atual.[216]

---

[213] VAZ, Paulo Afonso Brum. *Op. cit.*, 2004, p. 65.

[214] PEREIRA, Hélio do Valle. *Manual da fazenda pública em juízo*. 2. ed. Rio de Janeiro: Renovar, 2006, p. 148.

[215] TUCCI, José Rogério Cruz e. *Lineamentos da nova reforma do CPC: Lei 10.352, de 26.12.2001, Lei 10.358, de 27.12.2001, Lei 10.444, de 07.05.2002*. 2. ed. São Paulo: Revista dos Tribunais, 2002, p. 88.

[216] ASSIS, Araken de. *Op. cit.*, 2007, p. 856.

Tal dispositivo procurou privilegiar a força normativa da jurisprudência. O ministro Teori Zavascki, por ocasião do julgamento do Recurso Especial n° 572.890/04, traçou análise sobre o referido ponto: "Não se pode dar interpretação rígida à norma do art. 475, § 3°, do CPC, a ponto de exigir, para sua aplicação, que haja súmula ou jurisprudência sobre cada um dos pontos enfrentados na sentença, sejam eles principais ou acessórios, importantes ou secundários. Se assim fosse, o dispositivo seria letra morta. A jurisprudência ou a súmula do tribunal superior que, invocada na sentença, dispensa o reexame necessário, há de ser entendida como aquela que diga respeito aos aspectos principais da lide, às questões centrais decididas, e não aos seus aspectos secundários e acessórios".[217]

Assim, a inovação albergada pelo § 3°, do art. 475, do CPC, não só resulta na adoção de sistema ainda não pacificado, como restringe o reexame obrigatório, colocando em risco o sistema de garantias processuais da Fazenda Pública e, portanto, o interesse público.[218]

A respeito de tal inovação, Rogério Coelho esboça seu juízo de valor:

> A hipótese, apesar de poder ser classificada de controvertida sob a justificativa de possível influência nas decisões, cerceando a liberdade do julgador, me parece salutar, pois não me aparenta correta, e muito menos adequada para aqueles que procuram o Judiciário, a existência de decisões conflitantes porque poderiam levar a situações injustas tendo em vista que o direito de uns e de outros poderia ser reconhecido de maneira diversa, dependendo até mesmo da sorte, atrevo-me a dizer, porque a distribuição dos feitos nos tribunais é feita aleatoriamente pelo computador.[219]

É pertinente acrescentar que o art. 12 da MP n° 2.180-35, de 24.8.2001, amplia o art. 475, § 3°, dispondo o seguinte:

> Não estão sujeitas ao duplo grau de jurisdição obrigatório as sentenças proferidas contra a União, suas autarquias e fundações públicas, quando a respeito da controvérsia o Advogado-Geral da União ou outro órgão administrativo competente houver editado súmula ou instrução normativa determinando a não interposição de recurso voluntário.[220]

---

[217] REsp 572890 / SC, 1ª Turma do STJ, Relator Ministro Teori Albino Zavasscki, DJ 24.05.2004, p. 190.

[218] CIANCI, Mirna. O reexame necessário na atual reforma processual (Lei n° 10.352/01). *Revista dos Tribunais*, v. 804, p. 58, out 2002.

[219] COELHO, Rogério. *Reexame necessário e uniformização de jurisprudência*. In: NERY JUNIOR, Nelson; WAMBIER, Tereza Arruda Alvim (coord.). *Op. cit.*, 2005, p. 566.

[220] ASSIS, Araken de. *Op. cit.*, 2007, p. 857.

A remessa necessária não se limita às previsões dos incisos I e II do art. 475, do CPC. Diversas outras hipóteses são previstas no ordenamento jurídico e em leis extravagantes. O art. 12, parágrafo único da Lei 1.533/51 (Lei da Ação de Mandado de Segurança) também prevê a remessa necessária.[221] Do mesmo modo, a Lei nº 4.717/65 (Lei da Ação Popular), cujo art. 19 prevê a remessa obrigatória quando a sentença concluir pela carência ou pela improcedência da ação.[222]

Na previsão do art. 19 da Lei da Ação Popular, a remessa necessária não busca propriamente a proteção da Fazenda Pública, e sim da sociedade, do interesse público. Sendo qualquer cidadão parte legítima para propor ação popular que, em tese, busca proteger o interesse geral, a norma estabelece a revisão obrigatória de sentença que extingue feito por carência ou que julgar improcedente o pedido popular. Assim, fica bem clara a distinção entre interesse da Fazenda Pública e interesse público.

Também nas causas relativas à especificação da nacionalidade brasileira, nos termos do art. 4º, § 3º, da Lei nº 818/49 (regula a aquisição, a perda e a reaquisição da nacionalidade, e a perda dos direitos políticos), com as alterações produzidas pela Lei nº 5.145/66 e pela Lei nº 6.014/73.[223]

---

[221] Art. 12. Da sentença, negando ou concedendo o mandado cabe apelação (Redação dada pela Lei nº 6.014, de 1973). Parágrafo único. A sentença, que conceder o mandado, fica sujeita ao duplo grau de jurisdição, podendo, entretanto, ser executada provisoriamente. (Redação dada pela Lei nº 6.071, de 1974).

[222] Art. 19. A sentença que concluir pela carência ou pela improcedência da ação está sujeita ao duplo grau de jurisdição, não produzindo efeito senão depois de confirmada pelo tribunal; da que julgar a ação procedente caberá apelação, com efeito suspensivo. (Redação dada pela Lei nº 6.014, de 1973).

[223] Art. 4º O filho de brasileiro, ou brasileira, nascido no estrangeiro e cujos pais ali não estejam a serviço do Brasil, poderá após a sua chegada ao País, para nele residir, requerer ao juízo competente do seu domicílio, fazendo-se constar deste e das respectivas certidões que o mesmo o valerá, como prova de nacionalidade brasileira, até quatro anos depois de atingida a maioridade. (Redação dada pela Lei nº 5.145, de 20.10.66). § 1º O requerimento será instruído com documentos comprobatórios da nacionalidade brasileira de um dos genitores do optante, na data de seu nascimento, e de seu domicilio do Brasil. (Incluído pela Lei nº 5.145, de 20.10.66); § 2º Ouvido o representante do Ministério Público Federal, no prazo de cinco dias, decidirá o juiz em igual prazo. (Incluído pela Lei nº 5.145, de 20.10.66); § 3º Esta decisão estará sujeita ao duplo grau de jurisdição, não produzindo efeito senão depois de confirmada pelo Tribunal. (Redação dada pela Lei nº 6.014, de 27.12.73).

O Decreto-Lei nº 779/69, que dispõe sobre a aplicação de normas processuais trabalhistas à União Federal, aos Estados, Municípios, Distrito Federal e Autarquias ou Fundações de direito público, que não explorem atividade econômica, traz a previsão da remessa necessária, no seu art. 1º, inciso V, ao que chama de "recurso ordinário *ex officio*", tratando-o expressamente como um dos "privilégios" processuais da Fazenda Pública.[224]

A Lei nº 8.437, de 30.6.1992, que dispõe sobre a concessão de medidas cautelares contra atos do Poder Público, também prevê a incidência da remessa necessária, ainda nominando-a de "recurso *ex officio*", como fazia o Código de Processo Civil de 1939, conforme consta do seu art. 3º.[225]

Há, ainda, a hipótese do Decreto-Lei nº 3.365/41, conhecido doutrinariamente como Lei Geral das Desapropriações, em cujo art. 28, § 1º, também prevê a remessa necessária.[226]

À exceção da sentença que decreta a carência da ação popular, que extingue o processo sem resolução do mérito (art. 267 do CPC), em todas as demais hipóteses somente as sentenças de mérito estão sujeitas à remessa necessária. E mais, somente as sentenças, nunca os acórdãos. Veja-se que o *caput* do art. 475 menciona expressamente o termo "sentença", a indicar que se trata de decisão prolatada pelo juiz singular (CPC, art. 162, § 1º). Os acórdãos, decisões próprias dos colegiados, mesmo em se tratado de competência originária, não estão sujeitos ao reexame obrigatório.

Não se incluem, portanto, nas hipóteses de remessa necessária, com a exceção já mencionada, as decisões que extinguem o processo sem resolução do mérito (art. 267 do CPC), bem assim todas as demais decisões não definitivas, como é o caso dos provimentos limi-

---

[224] Art. 1º Nos processos perante a Justiça do Trabalho, constituem privilégio da União, dos Estados, do Distrito Federal, dos Municípios e das autarquias ou fundações de direito público federais, estaduais ou municipais que não explorem atividade econômica: [...]; V – o recurso ordinário "ex officio" das decisões que lhe sejam total ou parcialmente contrárias; [...].

[225] Art. 3º O recurso voluntário ou *ex officio*, interposto contra sentença em processo cautelar, proferida contra pessoa jurídica de direito público ou seus agentes, que importe em outorga ou adição de vencimentos ou de reclassificação funcional, terá efeito suspensivo.

[226] Art. 28. Da sentença que fixar o preço da indenização caberá apelação com efeito simplesmente devolutivo, quando interposta pelo expropriado, e com ambos os efeitos, quando o for pelo expropriante. § 1º A sentença que condenar a Fazenda Pública em quantia superior ao dobro da oferecida fica sujeita ao duplo grau de jurisdição. (Redação dada pela Lei nº 6.071, de 1974).

nares concedidos em ação de mandado de segurança, ação cautelar, ação popular, ação civil pública e até mesmo em sede de tutela antecipada. Todas essas decisões, sendo prolatada, contra o Poder Público, embora de caráter provisório, poderão, em regra, observadas as exceções legais, ser cumpridas de imediato, não se submetendo ao regime do duplo grau obrigatório de jurisdição.

Sobre a não incidência do reexame necessário em sentença proferida contra o Poder Público em sede de ação civil pública, acrescenta Geisa de Assis Rodrigues:

> Entendemos que não só descabe a incidência do reexame necessário, quando se tratar de sentença proferida contra o Poder Público em sede de ação civil pública, como também que se deve estender a todas as ações civis públicas e regra prevista na Lei de Ação Popular e na Lei da Ação Civil Pública para defesa de portadores de deficiência, no sentido da incidência do reexame necessário, quando o pedido for julgado improcedente, ou o autor considerado carecedor do direito de ação.[227]

Sobre tal aspecto, Lauro Luiz Gomes Ribeiro acrescenta que "prevalecerá a defesa dos interesses coletivos dos infantes e pessoas portadoras de deficiência sobre os da Fazenda Pública, Autarquias e Fundações Públicas e, conseqüentemente, não se deve aplicar a regra prevista no art. 475, II, do CPC nestes casos".[228]

Cabe ainda acrescentar que a exceção ou limite imposto à remessa necessária pelo CPC, no § 2º do seu art. 475, ou seja, na hipótese de condenação a valor certo não excedente a 60 salários mínimos, só se aplica às hipóteses de remessa necessária do próprio CPC (art. 475, incisos I e II). Nas hipóteses disciplinadas pelos demais diplomas legais, conforme acima demonstrado, não se cogita de tal limitação, porquanto configuram situações *sui generis*, normalmente refletindo obrigações de fazer, não fazer ou dar coisa, fora do contexto econômico-financeiro próprio das condenações pecuniárias, nas quais, encontrando-se o poder público no polo passivo da

---

[227] RODRIGUES, Geisa de Assis. Anotações sobre Reexame Necessário em sede de Ação Civil Pública. *Boletim Científico da Escola Superior do Ministério Público da União*, Brasília, n. 1, p. 76, out./dez, 2001.

[228] RIBEIRO, Lauro Luiz Gomes. A inaplicabilidade da regra do art. 475, II, do CPC (Reexame Necessário) à tutela jurisdicional coletiva da criança, do adolescente e da pessoa portadora de deficiência. *Revista de Direito Constitucional e Internacional*, n. 41, p. 179, out-dez 2002.

condenação, entra em cena a Fazenda Pública. Entretanto, entendeu o STJ em sentido diverso.[229]

As restrições relativas ao cabimento do reexame necessário não se aplicam aos reexames previstos nas leis extravagantes,[230] como é o caso do art. 12, parágrafo único, da Lei nº 1.533/51, em função do princípio da especialidade.

---

[229] STJ, 1ª T., REsp, 625.219/SP, 14.9.2004, Rel. Min. José Delgado, Rel. p/Acórdão, Min. Teori Albino Zavascki, DJ 29.11.2004, p. 249.

[230] GOMES Jr., Luís Manoel. A remessa obrigatória prevista na legislação especial e os reflexos originários da Lei 10.352/2001. In: NERY JUNIOR, Nelson; WAMBIER, Tereza Arruda Alvim (coord.). *Op. cit.*, 2005 p. 458-459.

4. Efeitos e procedimento do reexame necessário

A questão dos efeitos da remessa necessária está intimamente ligada à sua natureza jurídica, uma vez que, ao ser classificada como condição de eficácia da sentença pela doutrina majoritária, gera a consequência de permitir que a sentença apenas produza efeitos jurídicos depois de apreciada pelo tribunal competente.

Para Araújo Cintra, o instituto do reexame necessário consiste em:

> [...] uma simples ordem de remessa dos autos ao tribunal competente, ou avocação pelo próprio tribunal, tudo sem maiores formalidades, não estando sujeito a preparo ou a prazo, não comportando razões das partes, nem recurso adesivo, apesar de submeter a sentença proferida em primeiro grau a reexame pela superior instância, como se fosse recurso, com a conseqüente substituição da sentença pelo acórdão, na medida em que o tribunal proceder ao novo julgamento com o mesmo objeto da sentença.[231]

Isso quer dizer que, a sentença, enquanto não remetida ao tribunal competente para reexame, não produz efeitos, é inexequível (não pode ser executada nem provisória nem definitivamente), não transita em julgado, não produz coisa julgada.[232] Ou seja: não existe no mundo jurídico, na medida em que "o reexame é necessário para a validade, eficácia e executoriedade do julgado".[233]

Contudo, é preciso que se atente para a exceção prevista no art. 12, parágrafo único, da Lei nº 1.533/51, que autoriza a execução provisória da sentença. Além dessa ressalva, há outra hipótese,

---

[231] CINTRA, Antonio Carlos de Araújo. *Comentários ao código de processo civil*. Rio de Janeiro: Forense, 2000, p. 310-312.

[232] LAUAR, Maira Terra. *Op. cit.*, 2008, p. 488.

[233] GIANESINI, Rita. A fazenda pública e o reexame necessário. In: NERY JUNIOR, Nelson; WAMBIER, Tereza Arruda Alvim (coord.). *Op. cit.*, 2001, p. 918.

constante no art. 13, § 1°,[234] da Lei Complementar n° 76/93, que dispõe sobre o procedimento contraditório especial, de rito sumário, para o processo de desapropriação de imóvel rural, por interesse social, para fins de reforma agrária, segundo o qual "a sentença que condenar o expropriante, em quantia superior a cinquenta por cento sobre o valor oferecido na inicial, fica sujeita a duplo grau de jurisdição".

Há também outro caso expresso no § 1° do art. 28,[235] do Decreto-Lei n° 3.365/41, que dispõe sobre desapropriações por utilidade pública, em que "a sentença que condenar a Fazenda Pública em quantia superior ao dobro da oferecida fica sujeita ao duplo grau de jurisdição".

Além disso, é preciso rememorar os casos previstos no art. 520, I a VII, do CPC, os quais admitem a execução provisória mesmo em face da Fazenda Pública, já que a lei quis dar-lhes eficácia imediata e, nessas hipóteses, o reexame nada mais faz senão evitar a coisa julgada.[236]

As sentenças, de modo geral, não possuem eficácia senão depois da ocorrência de certa condição suspensiva. Tal condição se opera através de três hipóteses; 1) decurso do prazo legal para recurso, não sendo o caso de reexame necessário; 2) julgamento da apelação pelo tribunal, quando não forem cabíveis outros recursos com eficácia suspensiva; e 3) julgamento da causa pelo tribunal por força do reexame necessário. Em todos esses casos, a sentença, embora existente e válida, não produz efeitos, em função de sua própria natureza. Assim, não é o reexame que possui *efeito suspensivo*, mas a própria sentença e o reexame necessário se limita a prolongar o estado natural de ineficácia da sentença, exatamente como ocorre com o recurso de apelação.[237]

---

[234] "Art. 13. Da sentença que fixar o preço da indenização caberá apelação com efeito simplesmente devolutivo, quando interposta pelo expropriado e, em ambos os efeitos, quando interposta pelo expropriante. § 1° A sentença que condenar o expropriante, em quantia superior a cinqüenta por cento sobre o valor oferecido na inicial, fica sujeita a duplo grau de jurisdição".

[235] "Art. 28. Da sentença que fixar o preço da indenização caberá apelação com efeito simplesmente devolutivo, quando interposta pelo expropriado, e com ambos os efeitos, quando o for pelo expropriante. § 1° A sentença que condenar a Fazenda Pública em quantia superior ao dobro da oferecida fica sujeita ao duplo grau de jurisdição".

[236] TOSTA, Jorge. *Op. cit.*, 2005, p. 167.

[237] Ibidem, p. 181.

Mas há casos excepcionais em que a lei estabelece que a sentença deve produzir efeitos tão logo seja publicada (art. 520, I a VII, do CPC e art. 12, parágrafo único da Lei n° 1.533/51), não se impedindo tais efeitos nem mesmo com o reexame necessário.

Portanto, a sentença, enquanto não apreciada pelo tribunal superior, está sujeita a uma condição suspensiva. É nesse sentido a liça de Alfredo Buzaid:

> A inserção da apelação necessária tem a virtude de suspender os efeitos da sentença até que sobre ela se pronuncie a instância superior. O que ela exprime, portanto, sem sua configuração mais simples, é a devolução da causa ao Tribunal de Justiça, a cujo conhecimento toca a obrigação de manter ou modificar a sentença apelada, independentemente de recurso interposto pelas partes interessadas.[238]

O trâmite do reexame necessário no tribunal é idêntico ao da apelação e, em regra, possui os efeitos devolutivo e suspensivo. Isso ocorre porque a remessa oficial devolve ao tribunal toda a matéria arguida e discutida no juízo *ad quo*, mesmo que a sentença não os tenha apreciado inteiramente.[239]

Entretanto, é importante observar que é impróprio falar-se em efeito suspensivo do reexame necessário, uma vez que a suspensividade dos efeitos da decisão se origina de ineficácia imanente à própria sentença.[240]

O reexame abrange todas as questões suscitadas, decididas ou não na causa. Tal peculiaridade, reafirmada pela Súmula n° 325 do STJ,[241] evidencia que o reexame é sempre integral.[242] Não obstante, há proibição da *reformatio in pejus*, uma vez que no reexame rejeita-se o aumento do gravame imposto à Fazenda Pública, de acordo com a Súmula n° 45 do STJ.[243]

A jurisprudência abrangida pela súmula suscita objeções, já que a *reformatio in pejus* fundar-se-ia no princípio dispositivo, e, na espé-

---

[238] BUZAID, Alfredo. *Op. cit.*, 1951, p. 37.

[239] LAUAR, Maira Terra. *Op. cit.*, 2008, p. 487.

[240] TOSTA, Jorge. *Op. cit.*, 2005, p. 180.

[241] Súmula n° 325 do STJ: "A remessa oficial devolve ao Tribunal o reexame de todas as parcelas da condenação suportadas pela Fazenda Pública, inclusive dos honorários de advogado".

[242] ASSIS, Araken de. *Op. cit.*, 2007, p. 857.

[243] Súmula n° 45 do STJ: "No reexame necessário, é defeso, ao Tribunal, agravar a condenação imposta à Fazenda Pública".

cie, não há manifestação de vontade pela Fazenda Pública e o processo subirá ao órgão *ad quem* à revelia da vontade do vencido.[244]

Quanto à questão do efeito devolutivo, Nelson Nery Júnior, entende que na remessa necessária, na verdade, opera o efeito translativo e não o devolutivo. Tal argumento funda-se no fato de que é o efeito translativo que autoriza o tribunal a julgar fora, além das razões do recurso, sem que haja nulidade da decisão proferida, como acontece nas questões de ordem pública, as quais podem ser arguidas de ofício pelo órgão julgador, não se operando, a seu respeito, a preclusão. O autor ainda argumenta que esse poder dado ao juiz não pode se inserir no conceito de efeito devolutivo, em função de se dar pela atuação do princípio inquisitório.[245]

É nesse diapasão também a doutrina de Jorge Tosta, pois o autor refere que, sendo o efeito devolutivo típico dos recursos, o mesmo não pode ser aplicado ao reexame necessário, uma vez que inexiste impugnação da parte sucumbente. Isso porque ao juízo *ad quem* apenas se devolve a matéria objeto de impugnação.[246]

A esse respeito, Araken de Assis entende que:

> De resto, não condiz com a realidade alegar que a remessa oficial transportaria ao órgão *ad quem* o exame das questões de ordem pública, independentemente dos limites impostos pela vontade do vencido no recurso voluntário. Em primeiro lugar, na apreciação dessas questões relativas aos pressupostos processuais e às condições da ação, passíveis de conhecimento e julgamento *ex officio*, "em qualquer tempo e grau de jurisdição" (art. 267, § 3º), nada importará o "resultado positivo ou negativo para a Fazenda Pública".[247]

Sobre tal questão, entende Hélio do Valle Pereira que "não se pode afastar da apreciação do Tribunal a reanálise das questões de ordem pública, que não estão sujeitas à preclusão, independentemente do reexame".[248]

Assim, a translatividade no reexame necessário é restrita à parte que prejudicou a Fazenda Pública (que julgou contra a Fazen-

---

[244] ASSIS, Araken de. *Op. cit.*, 2007, p. 858.

[245] LAUAR, Maira Terra. *Op. cit.*, 2008, p. 488.

[246] TOSTA, Jorge. *Op. cit.*, 2005, p. 171.

[247] ASSIS, Araken de. *Op. cit.*, 2007, p. 858.

[248] PEREIRA, Hélio do Valle. *Op. cit.*, 2006, p. 143.

da). Logo, não se translada para o tribunal as questões decididas em prol da Fazenda.[249]

O âmbito de translatividade do reexame necessário é restrito às questões decididas contrariamente à Fazenda, não alcançando as matérias não impugnadas por recurso próprio do prejudicado, sobre as quais incide a preclusão, orientada pelo princípio dispositivo. O efeito translativo do reexame necessário é informado pelo princípio inquisitório, autorizando que o tribunal conheça de todas as matérias que possam representar situação mais favorável à Fazenda Pública, ainda que a sentença não as tenha apreciado.[250]

A translatividade da remessa necessária está limitada aos órgãos de jurisdição ordinária, não ocorrendo em relação aos órgãos de jurisdição extraordinária, mesmo que se trate de ação de competência originária do tribunal ou do juiz de 1º grau. Isso porque o reexame necessário é um substitutivo da apelação, apenas sendo admitido nos casos em que seja cabível o recurso de apelação.[251]

O tribunal reexamina a causa amplamente, sem ater-se à matéria de ordem pública, mostrando-se pacífica a ideia de que os interesses patrimoniais da Fazenda Pública não se encontram, necessariamente, na órbita do interesse público.

O reexame necessário visa a proteger os interesses de toda a sociedade, representada no âmbito processual pela Fazenda Pública. Portanto, quando a lei determina o reexame necessário em relação a determinadas matérias ou à qualidade da parte, objetiva-se o aperfeiçoamento da decisão judicial, com o intuito de afastar ou, ao menos, minimizar eventuais riscos e danos para o patrimônio público, decorrentes de eventual má interpretação da lei ou dos fatos debatidos na causa.[252]

O efeito expansivo também se manifesta na remessa oficial em relação às questões de ordem pública, que podem ser conhecidas e acolhidas pelo tribunal em sede de reexame necessário, mesmo com prejuízo à Fazenda Pública. A manifestação de tal efeito, o qual

---

[249] TOSTA, Jorge. *Op. cit.*, 2005, p. 171.

[250] Ibidem, p. 176.

[251] Ibidem, p. 180.

[252] Ibidem, p. 172.

também se dá em decorrência do princípio inquisitório, implica na extrapolação do efeito translativo.[253]

É oportuno ressaltar que, tratando-se de questão de ordem pública, relativa às condições da ação ou aos pressupostos processuais, deve o Tribunal reconhecê-la mesmo que haja extrapolação do efeito translativo em prejuízo da Fazenda Pública, uma vez que as questões de ordem pública precedem qualquer análise acerca de eventual *error in judicando* que prejudique a Fazenda.

Quanto ao efeito substitutivo, este sempre existirá, uma vez que com o reexame se obterá um ato novo substitutivo do primeiro. Aliás, o fato do efeito substitutivo incidir no reexame necessário é mais uma evidência que o aproxima da classificação de recurso, já que tal efeito é característico da categoria dos recursos, bem como a ocorrência do efeito devolutivo.

A interpretação da proibição da *reformatio in pejus*, traduzida no enunciado 45 da Súmula do STJ,[254] é uma demonstração da diferenciação de tratamento conferido à Fazenda Pública e ao particular. Suponha-se que os julgadores, em sede de remessa, concluíram que a sentença beneficiou, indevidamente, o erário em detrimento do interesse do particular, não se poderá alterá-la sob pena de se desrespeitar a proibição da *reformatio in pejus*.[255]

Sendo aceito o reexame como constitucional, com os contornos definidos em lei, não é possível refutar a interpretação do STJ, cumprindo sempre à parte ventilar sua inconformidade através do recurso competente, e não aguardar qualquer benefício na apreciação do reexame, já que o mesmo foi instituído justamente para proteger e beneficiar o erário público.[256]

Na verdade, a vedação à *reformatio in pejus* está intimamente ligada ao âmbito de translatividade do reexame necessário que, como dito alhures, está restrito ao capítulo da sentença que prejudicou a Fazenda Pública, posto que o "instituto da remessa *ex officio* consulta precipuamente o interesse do Estado ou da pessoa jurídica de direito público interno, quando sucumbente, para que a lide seja

---

[253] TOSTA, Jorge. *Op. cit.*, 2005, p. 183.

[254] Súmula nº 45 do STJ: "No reexame necessário, é defeso, ao Tribunal, agravar a condenação imposta à Fazenda Pública".

[255] PORTO, Sérgio Gilberto. *Op. cit.*, 2008, p. 269.

[256] GIANESINI, Rita. A Fazenda pública e o reexame necessário. In: NERY JUNIOR, Nelson; WAMBIER, Tereza Arruda Alvim (coord.). *Op. cit.*, 2001 p. 927.

reavaliada por um colegiado e expurgadas imprecisões ou excessos danosos ao interesse público.[257]

Portanto, toda vez que o tribunal, no julgamento do reexame necessário, impuser à Fazenda Pública situação menos favorável que a estabelecida na sentença, sem que exista recurso da outra parte, tal fato implicará em extrapolação do âmbito de translatividade da remessa, o que configura vício grave que pode ser corrigido por simples petição, não transitando em julgado o acórdão naquilo em que prejudicou a Fazenda. É como se o julgamento ferisse a vontade da lei.[258]

Ainda que o particular interponha recurso parcial da outra parte, se o acórdão julgar o reexame necessário concedendo ao recorrente particular mais do que fora objeto da impugnação recursal, também haverá extrapolação do efeito translativo. Nesse caso, configura-se julgamento *extra petita*, fato que também implica em vício relativo aos pressupostos processuais de existência, a ensejar a desconstituição do acórdão por simples petição. Nesse sentido, ressalta Teresa Arruda Alvim Wambier: "rigorosamente, a sentença *extra petita* comporta, sob certo aspecto, a qualificação de sentença inexistente, uma vez que não corresponde a pedido algum. Falta, portanto, pressuposto processual de existência para que aquela sentença seja considerada juridicamente existente".[259]

Entretanto, apesar de tal posição doutrinária defender a correção do vício de extrapolação do âmbito de translatividade do reexame necessário por simples petição, em função do desrespeito à vontade da lei, é preciso observar que existe meio processual específico e próprio para sanar tal vício, qual seja: a ação rescisória (art. 485, CPC).

Não é razoável permitir-se a *reformatio in pejus* no âmbito do reexame necessário, pois, como sustenta Eduardo Arruda Alvim, "tal dispositivo, porque instituído em benefício da Fazenda Pública, não pode levar à piora da situação determinada pela sentença monocrática, aplicando-se, então, o princípio da *reformatio in pejus*".[260]

---

[257] TOSTA, Jorge. *Op. cit.*, 2005, p. 221.

[258] Ibidem, p. 223-224.

[259] WAMBIER, Teresa Arruda Alvim. *Nulidades do processo e da sentença*. 4. ed. São Paulo: Revista dos Tribunais, 1997, p. 240.

[260] ALVIM, Eduardo pellegrini de Arruda. *Curso de direito processual civil*. São Paulo: Revista dos Tribunais, 1999, v. I, p. 115/116.

Todavia, existe posicionamento contrário na doutrina, no sentido de se admitir a reforma para pior em sede de reexame necessário:

> Não há falar-se em *reformatio in pejus* no reexame obrigatório. A proibição da reforma para pior é conseqüência direta do princípio dispositivo, aplicável aos recursos: se o recorrido dispôs de seu direito de impugnar a sentença, não pode receber o benefício do tribunal em detrimento do recorrente. Isto não acontece na remessa necessária, que não é recurso nem é informada pelo princípio dispositivo, mas pelo inquisitório, onde ressalta a incidência do interesse público do reexame integral da sentença. É o que se denomina de efeito translativo, a que se sujeitam as questões de ordem pública e a remessa necessária. O agravamento da situação da Fazenda Pública pelo tribunal não é reforma para pior, mas conseqüência natural do reexame integral da sentença, sendo, portanto, possível.[261]

Tal pensamento coaduna-se com a ideia anteriormente defendida por Alfredo Buzaid no sentido de que o marco característico da remessa necessária "é a ordem de devolução imposta pela que transfere à instância superior o conhecimento integral da causa".[262]

Seguindo a mesma linha de raciocínio, Cláudia Simardi ainda acrescenta que as pessoas jurídicas de direito público recebem tratamento diferenciado quanto ao prazo, por exemplo, para contestar e recorrer (art. 188, CPC), mas sustenta que, no que se refere à remessa obrigatória, não há qualquer menção expressa no Código que fundamente o entendimento de que a reforma não pode piorar a situação dos entes públicos.[263]

É também o posicionamento de Maira Terra Lauar, que acredita não haver delimitação da matéria devolvida à análise do tribunal e que, diante dessa ausência, era de se impor ao tribunal a reapreciação integral da matéria objeto de análise em primeira instância.[264]

Contudo, a conclusão a que se chega é a de que a vedação à aplicação da *reformatio in pejus* também se aplica aos julgamentos da remessa

---

[261] NERY JÚNIOR, Nelson; NERY, Rosa Maria de Andrade. *Código de processo civil comentado e legislação processual civil extravagante em vigor*. 6. ed. São Paulo: Revista dos Tribunais, 2002, p. 780/781.

[262] BUZAID, Alfredo. *Op. cit.*, 1951, p. 49.

[263] SIMARDI, Cláudia Aparecida. Remessa obrigatória (após o advento da Lei 10.352/2001). In: NERY JR., Nelson; WAMBIER, Teresa Arruda Alvim (coord.). *Op. cit.*, 2002, p. 128.

[264] LAUAR, Maira Terra. *Op. cit.*, 2008, p. 493.

necessária. "Caso contrário, o Poder Público poderia ser prejudicado por uma prerrogativa criada única e exclusivamente a seu favor".[265]

Por fim, há o caso das questões de ordem pública, as quais o tribunal deve conhecer de ofício e fazê-lo independentemente de resultado positivo ou negativo para a Fazenda Pública.[266]

Quanto ao julgamento da remessa oficial no órgão *ad quem*, é cediço que segue o modelo já fixado para a apelação.

Apesar de não existir previsão legal quanto ao procedimento do reexame necessário, há uniformidade na doutrina e na jurisprudência no tocante ao *iter* a ser trilhado no manejo de tal instituto.[267]

Nos termos do § 1º do art. 475 do CPC, o juiz deve determinar expressamente na sentença que os autos sejam remetidos ao tribunal para que seja reapreciada pelo órgão colegiado, haja ou não apelação.

Caso haja apelação, ocorre o juízo de admissibilidade do recurso e, em caso positivo, intima-se o recorrido para se manifestar. Ato contínuo remete a impugnação e o processo ao Tribunal para reexame e julgamento do recurso.[268] Não havendo apelação, deverão, de igual modo, ser remetidos os autos ao tribunal para apreciação do reexame necessário.[269] O prazo para interposição do recurso de apelação não fica suspenso, na hipótese de não ser o processo remetido ao segundo grau de jurisdição.[270]

Não há preclusão em relação à determinação da remessa necessária, podendo a mesma ser feita a qualquer tempo, de ofício ou a requerimento de quaisquer das partes. Alternativamente, o tribunal poderá determinar a avocação dos autos a qualquer tempo, porquanto não há prazo para o reexame, diferentemente do que ocorre com os recursos.[271]

---

[265] GIANESINI, Rita. A fazenda pública e o reexame necessário. In: NERY JUNIOR, Nelson; WAMBIER, Tereza Arruda Alvim (coord.). *Op. cit.*, 2001, p. 928.

[266] Ibidem, p. 932.

[267] CUNHA, Leonardo José Carneiro da. *Op. cit.*, 2007, p. 188.

[268] PORTO, Sérgio Gilberto. *Op. cit.*, 2008, p. 268.

[269] CUNHA, Leonardo José Carneiro da. *Op. cit.*, 2007, p. 189.

[270] GIANESINI, Rita. A Fazenda Pública e o Reexame Necessário. In: NERY JUNIOR, Nelson; WAMBIER, Tereza Arruda Alvim (coord.). *Op. cit.*, 2001 p. 924.

[271] CUNHA, Leonardo José Carneiro da. *Op. cit.*, 2007, p. 189.

Todavia, na hipótese de o juiz, tendo originariamente se omitido em determinar o reexame necessário, vir a ser, posteriormente, instado a determiná-lo e, nesse momento, entender que deva ser dispensado em razão do § 2º ou do § 3º do art. 475 do CPC, poderá dessa decisão a Fazenda Pública interpor recurso de agravo de instrumento. A apelação a essa altura não será mais cabível ante a perda do prazo, mas o agravo será perfeitamente cabível para efeito de demonstração de inaplicabilidade das referidas regras de dispensa.[272]

Em sentido contrário, é o entendimento de Luiz Manoel Gomes Júnior, o qual argumenta que a omissão na sentença quanto à determinação do reexame não significa que o juiz está dispensando-o, já que a dispensa há de ser fundamentada. A simples omissão em determinar o reexame sujeita-se ao entendimento manifestado na Súmula 423 do STF, de forma que se entende ordenada a remessa obrigatória pela própria lei.[273]

Além da Fazenda Pública, o particular que tenha restado vitorioso na demanda tem legitimidade para formular o pedido de remessa ao presidente do tribunal ou a este requerer a avocação dos autos. O Ministério Público também pode atuar como parte ou como *custos legis*, possuindo legitimidade, igualmente, para requerer a remessa ou a avocação.[274]

A despeito de respeitáveis posições doutrinárias no sentido de considerar o reexame necessário como recurso, a doutrina majoritária confere ao instituto natureza de condição de eficácia da sentença. Justamente em razão de tal classificação, a remessa oficial não está sujeita a preparo, nem admite a apresentação de contrarrazões pelo particular ou pela parte vencedora.[275]

De igual modo, não havendo interposição de apelação, e sendo remetidos ao tribunal os autos apenas em função do reexame

---

[272] CUNHA, Leonardo José Carneiro da. *Op. cit.*, 2007, p. 200.

[273] GOMES JÚNIOR, Luiz Manoel. Anotações sobre a nova fase da reforma do CPC – âmbito recursal. In: NERY JUNIOR, Nelson; WAMBIER, Tereza Arruda Alvim (coord.). *Op. cit.*, 2001, p. 652.

[274] GIANESINI, Rita. A fazenda pública e o reexame necessário. In: NERY JUNIOR, Nelson; WAMBIER, Tereza Arruda Alvim (coord.). *Op. cit.*, 2001, p. 924.

[275] CUNHA, Leonardo José Carneiro da. *Op. cit.*, 2007, p. 189.

necessário, é incabível o recurso adesivo, justamente porque não há recurso principal ao qual se possa aderir.[276]

Nesse desiderato, deve-se destacar que, se a Fazenda Pública desistir da apelação, o recurso adesivo da parte adversa não será conhecido por restar tão somente para apreciação do tribunal o reexame necessário.

Na verdade, havendo remessa necessária, nenhuma das partes poderá utilizar-se da apelação adesiva. Isso porque, para que se admita o recurso adesivo, é preciso que haja a concomitância de dois requisitos: (a) a conformação inicial com o julgado; e (b) a sucumbência recíproca.[277]

No caso em que há o reexame necessário, as partes já sabem, de antemão, que haverá a remessa dos autos ao tribunal não estando presente um dos requisitos do recurso adesivo, que é o da conformação inicial com o julgado, destinada a obter o imediato trânsito em julgado.[278]

Sendo determinada a remessa dos autos ou avocados que sejam estes, o procedimento para que o tribunal realize o reexame necessário "será fixado no Regimento Interno do respectivo Tribunal".[279]

Na verdade, o procedimento para o processamento e julgamento do reexame necessário é idêntico ao da apelação, tanto que não sendo interposta apelação "a dispensa ou a obrigatoriedade do revisor está condicionada às regras do recurso de apelação. Assim, no processo sumário, nos casos de indeferimento de petição inicial, não há revisão, nos termos do art. 551, § 3º, do CPC".[280]

Por oportuno, ao reexame necessário ainda aplica-se o art. 552, do CPC, devendo seu julgamento ser incluído em pauta, com publicação antecedida de, pelo menos, 48 (quarenta e oito) horas, sob

---

[276] GIANESINI, Rita. A fazenda pública e o reexame necessário. In: NERY JUNIOR, Nelson; WAMBIER, Tereza Arruda Alvim (coord.). *Op. cit.*, 2001, p. 924. No mesmo sentido: Barbosa Moreira (BARBOSA MOREIRA, José Carlos. *Comentários ao código de processo civil*, Lei nº 5.869, de 11 de janeiro de 1973. 4. ed. Rio de Janeiro: Forense, 1981, p. 356-357).

[277] CHEIM, Jorge Flávio. *Apelação cível*: teoria geral e admissibilidade. São Paulo: Revista dos Tribunais, 1999, p. 271.

[278] Ibidem, p. 269-271.

[279] GIANESINI, Rita. A fazenda pública e o reexame necessário. In: NERY JUNIOR, Nelson; WAMBIER, Tereza Arruda Alvim (coord.). *Op. cit.*, 2001, p. 925.

[280] Ibidem.

pena de nulidade.[281] É nesse sentido o entendimento da jurisprudência do STJ.[282]

Outra questão interessante atinente ao procedimento do reexame necessário consiste na aplicação do art. 557 do CPC, relativa à possibilidade de o relator indeferir o processamento do reexame. Em razão da discordância a respeito da natureza jurídica da remessa obrigatória, de ser recurso ou não, a aplicação do art. 557 do CPC neste instituto tem sido motivo de divergência, pois se sabe que este artigo é aplicado a todos os recursos.

O art. 557 do CPC prevê a possibilidade de o relator não conhecer qualquer recurso manifestadamente inadmissível ou improcedente, recurso prejudicado ou decisão contrária à súmula ou jurisprudência dominante do respectivo tribunal, do STF ou do STJ.

Deste modo, além do juízo de admissibilidade, pode o relator realizar o juízo de mérito do recurso, em caráter provisório, podendo negar seguimento a recurso, em decisão monocrática. O exame definitivo do mérito é do Órgão Colegiado a que pertence o relator, se o recorrente vier a interpor agravo (art. 557, § 1º) da decisão monocrática.

A jurisprudência dominante vem se posicionando no sentido de ser cabível a aplicação do art. 557 do CPC no reexame necessário em homenagem ao princípio da celeridade e economia processual, visto que o legislador ao alterar o dispositivo acima citado pela Lei 9.756/98, pretendeu proporcionar maior dinâmica aos julgamentos dos tribunais.[283]

---

[281] Súmula nº 117 do STJ: "A inobservância do prazo de 48 (quarenta e oito) horas, entre a publicação de pauta e julgamento sem a presença das partes, acarreta nulidade".

[282] PROCESSO CIVIL. REEXAME NECESSÁRIO. INCLUSÃO EM PAUTA E INTIMAÇÃO DAS PARTES. NECESSIDADE. PRECEDENTE. 1. Imprescindíveis a inclusão em pauta de julgamento do reexame necessário e a intimação das partes, sob pena de nulidade. 2. Recurso especial conhecido e provido (REsp 218065/SC, 2ª Turma do STJ, Rel. Min. Francisco Peçanha Martins, DJ de 19.6.2000, p. 134.)

[283] No mesmo sentido se posicionou o Ministro Humberto Gomes de Barros do Superior Tribunal de Justiça, no julgamento do Recurso Especial nº 232.025-Rio de Janeiro: I – PROCESSUAL CIVIL. SENTENÇA PROFERIDA CONTRA A FAZENDA PÚBLICA. REEXAME NECESSÁRIO EFETUADO PELO PRÓPRIO RELATOR. POSSIBILIDADE. INTELIGÊNCIA DO "NOVO" ART. 557 DO CPC. RECURSO ESPECIAL NÃO CONHECIDO (REsp 232.025/RJ, 1ª Turma do STJ, Rel. Min. Garcia Vieira, DJ 5.6.2000 p. 124).

A Súmula nº 253 do STJ disciplina que: "O art. 557 do CPC, que autoriza o relator a decidir o recurso, alcança o reexame necessário". Todavia, há entendimento em contrário na doutrina, como o de Rita Gianesini:

> Sem adentrar na discussão acerca da inconstitucionalidade do dispositivo legal, somos de opinião que a sentença contrária à Fazenda Pública deve ser reapreciada pelo Colegiado e não por um de seus membros. Assim, aludido dispositivo legal não se aplica na hipótese de duplo grau obrigatório de jurisdição.[284]

Theotônio Negrão a tratar sobre o assunto afirmou que:

> o art. 557 aplica-se a qualquer Tribunal com jurisdição civil, e não apenas aos Tribunais superiores. Não se aplica, porém, nas hipóteses do art. 475, porque este não dá competência ao relator, mas ao Tribunal, para julgar o recurso *ex officio*.[285]

Ainda no sentido de entender inaplicável o art. 557 do CPC o reexame necessário:

> [...] não há como se admitir que o relator, através de uma decisão monocrática, substitua o colegiado quanto à apreciação do reexame necessário. Pretende, ainda, de *lege ferenda*, sustentar a manutenção da apreciação do reexame necessário pelo colegiado, tendo em vista a elevada densidade axiológica de que é revestido o princípio da supremacia do interesse público, em detrimento do princípio da celeridade.[286]

Porém, no sentido de defender a aplicação do art. 557, do CPC, e seu § 1º – Ao reexame necessário, argumenta Jorge Tosta:

> O tribunal a que se refere o caput do art. 475 do CPC não se restringe ao órgão colegiado. Hoje, com a nova sistemática implantada pelo art. 557 do CPC, é forçoso reconhecer que todo e qualquer recurso ou procedimento a ele assemelhado quanto ao processamento (como é o caso do reexame necessário) pode ser decidido pelo relator nas hipóteses mencionadas no citado dispositivo legal.[287]

Ademais, o objetivo precípuo do instituto do reexame necessário de proteger o interesse público não é desvirtuado em fun-

---

[284] GIANESINI, Rita. A Fazenda Pública e o Reexame Necessário. In: NERY JUNIOR, Nelson; WAMBIER, Tereza Arruda Alvim (coord.). *Op. cit.*, 2001 p. 925.

[285] NEGRÃO, Theotônio. *Código de processo civil e legislação processual em vigor.* 33. ed. São Paulo: Saraiva, 2002, p. 641.

[286] TÁVORA, Rodrigo de Almeida. Possibilidade de Aplicação do Artigo 557 do Código de Processo Civil ao Reexame Necessário – Análise Crítica da Jurisprudência do Superior Tribunal de Justiça. *Revista de Direito da Procuradoria Geral do Estado.* Rio de Janeiro, n. 54, p. 265, 2004.

[287] TOSTA, Jorge. *Op. cit.*, 2005, p. 241.

ção da incidência do art. 557 do CPC, uma vez que quaisquer das partes que se sinta prejudicada pela decisão monocrática proferida pelo relator pode interpor agravo, nos termos do § 1º do referido artigo.[288]

Ainda é nesse sentido o entendimento de Sérgio Gilberto Porto:

> O procedimento em segundo grau é semelhante ao da apelação. Nesse sentido, inclusive a jurisprudência do Superior Tribunal de Justiça cristalizou-se, aplicando por analogia a previsão do julgamento monocrático (art. 557) ao reexame, como meio de outorgar maior efetividade ao instituto. Não sendo o caso de decisão monocrática, então relator levará ao conhecimento da Câmara teor do processo para deliberação colegiada. Da sessão de julgamento, serão intimadas as partes com a antecedência legalmente autorizada.[289]

Desse modo, tendo em vista que o objetivo primordial da alteração do art. 557, do CPC, foi desobstruir as pautas dos tribunais, a fim de que as ações e os recursos que normalmente precisem de julgamento por órgãos colegiados, fossem apreciados o mais rápido possível, salvaguardando os princípios da celeridade e economia processual que norteiam o direito processual moderno, não há porque ser inadmissível o cabimento do artigo 557 do CPC no reexame necessário.

Fabiano Carvalho filia-se a essa corrente, aduzindo o seguinte:

> Um outro argumento que autoriza a aplicação do art. 557 do CPC ao reexame necessário está nos princípios que regem e estruturam os poderes do relator: princípio da inafastabilidade do controle jurisdicional, princípio da economia processual, princípio da celeridade, princípio da efetividade e princípio da dupla conformidade das decisões.[290]

Ademais, aquele que não se conformar com a decisão monocrática do relator, poderá interpor agravo interno, no prazo de cinco dias, ao órgão competente para apreciar o reexame necessário, o qual deverá julgá-lo, segundo preceitua o art. 557, § 1º, do CPC.

Todavia, importante observar que os poderes do relator devem ser utilizados com todas as cautelas possíveis para não se con-

---

[288] TOSTA, Jorge. *Op. cit.*, 2005, p. 242.

[289] PORTO, Sérgio Gilberto. *Op. cit.*, 2008, p. 268.

[290] CARVALHO, Fabiano. Os poderes do relator no reexame necessário. *Revista de Processo.* n. 115, p. 243, maio/jun. 2004.

verter em instrumento de injustiças. É nessa trilha o entendimento de Barbosa Moreira:

> Deve o relator examinar com cuidado especial as razões do recurso: é sempre possível que haja aí argumentos novos, não considerados quando da inclusão da tese contrária na súmula à qual, no regime em vigor não se reconhece eficácia vinculante [...]. Preferível suportar algum peso a mais na carga de trabalho dos tribunais a contribuir para a fossilização da jurisprudência. A lei do menor esforço não é necessariamente, em todo e qualquer caso, boa conselheira.[291]

De outra banda, questão que tem suscitado bastante discussão é a relativa ao conhecimento do agravo retido. Com efeito, não tendo sido interposto recurso de apelação, o agravante não teve oportunidade, nos termos do art. 523, § 1º, do CPC, de requerer a apreciação do agravo retido pelo tribunal. Porém, na hipótese de a agravante ser a Fazenda Pública, argumenta-se que a devolução do conhecimento de todas as questões decididas contra ela automaticamente implica no conhecimento do agravo retido, não podendo, entretanto, ser agravada a sua situação.[292]

No caso de o agravante ser a parte contrária, não será possível o conhecimento do agravo retido em função do não cumprimento da formalidade legal aventada. À primeira análise, o raciocínio fere o princípio da isonomia, principalmente para aqueles que admitem a ampla devolução, independente do resultado do julgamento. Todavia, se o reexame necessário só pode beneficiar a Fazenda Pública, por força da Súmula 45 do STJ que veda a *reformatio in pejus* no reexame necessário, resta fácil concluir pelo não conhecimento do agravo retido.[293]

É na mesma direção a ideia de Jorge Tosta sobre tal aspecto:

> Logo, se optou pelo agravo retido (desde que lhe seja facultada a opção), não pode pretender que tal recurso seja conhecido pelo Tribunal como preliminar do reexame necessário, porquanto ausente a possibilidade de exercício da vontade de que o agravo seja apreciado pelo Tribunal. Isso não significa que as decisões interlocutórias, em tal hipótese, sejam irrecorríveis. São recorríveis sim, só pela via do agravo de instrumento. Caso se opte pela via retida (quando tal opção lhe seja permitida), e não existindo recurso voluntário afinal, mas apenas reexame necessário, o agravo ficará prejudicado. É como se a parte dissesse: "Não me conformo com essa deci-

---

[291] MOREIRA, José Carlos Barbosa. *Op. cit.*, 2003, p. 663.

[292] GIANESINI, Rita. A fazenda pública e o reexame necessário. In: NERY JUNIOR, Nelson; WAMBIER, Tereza Arruda Alvim (coord.). *Op. cit.*, 2001 p. 926.

[293] Idem.

são interlocutória e dela recorro, mas quero que este recurso só seja julgado pelo tribunal se eu reiterá-lo por ocasião da apelação ou das contra-razões".[294]

Todavia, esse entendimento não é pacífico. Teresa Arruda Alvim Wambier manifestou-se pela possibilidade não só do agravo interposto pela outra parte como também de seu julgamento independentemente do resultado, senão vejamos:

> Isto porque ainda se tenha em mente que a remessa de ofício foi instituída para beneficiar a Fazenda e, portanto, o Tribunal não poderia, reexaminado os autos, piorar a situação da Fazenda, o que se tem, no caso de a outra parte ter interposto agravo é que o tribunal pode piorar a situação da fazenda em virtude e por causa do agravo que a outra parte interpôs, e não em decorrência do próprio exame.[295]

A referida autora ainda argumenta no sentido de que nem mesmo a vedação, pelo nosso sistema, no sentido de que haja *reformatio in pejus* é razão suficiente para levar à conclusão de que o agravo retido interposto pelo vencedor não deva ser julgado, quando os autos sobem em razão do duplo grau necessário.[296]

Essa diversidade de tratamento destinada ao mesmo instituto não gera contradição. Mas sim, ao contrário, justifica-se pela interpretação do sistema recursal como um todo,[297] principalmente por se tratar de hipóteses não reguladas expressamente pela lei.[298]

Outra questão objeto de discussão na doutrina refere-se ao cabimento dos embargos infringentes contra acórdão não unânime proferido no julgamento de reexame necessário.

---

[294] TOSTA, Jorge. *Op. cit.*, 2005, p. 205.

[295] WAMBIER, Teresa Arruda Alvim. *O novo regime do agravo*. São Paulo: Revista dos Tribunais, 1996, p. 371.

[296] WAMBIER, Teresa Arruda Alvim. *Os agravos no CPC brasileiro*. 3. ed. São Paulo: Revista dos Tribunais, 2000, p. 469.

[297] A respeito do conceito de Direito como um sistema e da importância da aplicação da interpretação sistemática como forma de resolução de antinomias e lacunas do sistema, é válido citar o conceito de sistema jurídico esposado por Juarez Freitas em sua obra *A Interpretação Sistemática do Direito*: "[...] entende-se apropriado conceituar o sistema jurídico como uma rede axiológica e hierarquizada topicamente de princípios fundamentais, de normas estritas (ou regras) e de valores jurídicos cuja função é a de, evitando ou superando antinomias em sentido lato, dar cumprimento aos objetivos justificadores do Estado Democrático, assim como se encontram consubstanciados, expressa ou implicitamente na Constituição" (FREITAS, Juarez. *A interpretação sistemática do direito*. 4. ed. São Paulo: Malheiros, 2004, p. 54).

[298] TOSTA, Jorge. *Op. cit.*, 2005, p. 206.

Em sede jurisprudencial, a admissão dos embargos infringentes de acórdão que julgasse o reexame necessário é praticamente pacífica,[299] até mesmo em função da Súmula 77 do TFR.[300]

No tocante à seara doutrinária, existem duas correntes. Aqueles que atribuem natureza recursal ao reexame necessário entendem pelo cabimento dos embargos infringentes. Como exemplo, cita-se o entendimento de Araken de Assis: "Existem duas espécies de apelação no direito pátrio: a voluntária (art. 513) e oficial (art. 475). E os embargos são admissíveis no julgamento majoritário da 'apelação', abrangendo todas as modalidades".[301] Tal fato também acaba por arregimentar a aproximação do instituto do reexame necessário com a classificação de recurso.

É também nesse sentido a posição de Celso Agrícola Barbi, que considera o cabimento dos embargos infringentes na remessa oficial como a "única solução satisfatória".[302]

Há ainda a corrente que, adotando postura coerente e intermediária, entende pelo cabimento dos embargos infringentes no reexame necessário em razão da identidade de procedimento com a apelação. Nesse sentido, tem-se a lição de Barbosa Moreira:

---

[299] Como exemplo de alguma divergência de entendimento quanto à questão no STJ, colaciona-se o seguinte julgado: Diante de tantas particularidades, o intérprete é levado a constatar que o ato do juiz – ao se pronunciar contra a pretensão do Estado – constitui o primeiro momento de um ato judicial complexo. O aperfeiçoamento deste ato complexo requer a manifestação de dois órgãos: o juiz singular e o Tribunal. O juiz, nesta hipótese, apresenta ao Tribunal um projeto de sentença. Aprovado, o esboço transforma-se em sentença, eficaz e apta a gerar coisa julgada. Em contrapartida, quando modifica o projeto, a Corte não estará reformando a sentença. Estará ajustando a proposta ao que lhe parece deva ser a sentença correta. Percebido este fenômeno, é de se concluir que na remessa *ex officio* não existe qualquer recurso. Muito menos, apelação. Ora, os embargos infringentes servem apenas para atacar apelações. Não desafiam qualquer outro recurso. Não apelação quando se trata de avocação. Ora, quando o Juiz não determina a remessa dos autos, o Presidente pode avocar o processo, e não se pode dizer haver, aí, apelação. (REsp. 226053/PI (1999/0070705-2), Sexta Turma, Min. Rel.: Fernando Gonçalves. Recorrente: Estado do Piauí. Recorrido: Associação dos Agentes Fiscais de Tributos Estaduais do Estado do Piauí. Brasília, 29 de novembro de 1999).

[300] Súmula 77 do TFR: "Cabem embargos infringentes a acórdão não unânime proferido em remessa *ex officio*".

[301] ASSIS, Araken de. Admissibilidade..., *op. cit.*, 2001 p. 134.

[302] BARBI, Celso Agrícola. Embargos infringentes em mandado de segurança. *Revista Brasileira de Direito Processual*. Uberaba, v. 4, p. 59, 1975.

Embora não se identifique com a apelação, nem constitua tecnicamente recurso, no sistema do Código, razões de ordem sistemática justificam a admissão de embargos infringentes contra acórdãos por maioria de votos no reexame da causa *ex vi legis* (art. 475). É ilustrativo o caso das sentença contrária à União, ao Estado, ou ao Município: se a pessoa jurídica de Direito público apela, e o julgamento de segundo grau vem a favorecê-la, sem unanimidade, o adversário dispõe-se sem dúvida alguma dos embargos; ora, não parece razoável negar-lhe esse recurso na hipótese de igual resultado em simples revisão obrigatória – o que, em certa medida, tornaria paradoxalmente mais vantajoso, para a União, o Estado ou o Município, omitir-se do que apelar.[303]

O mesmo sentido é expressado por Nelson Nery Junior, ao versar sobre as semelhanças entre o reexame necessário e os recursos, abaixo transcritos:

É por causa dessas semelhanças que a doutrina e jurisprudência têm-se encaminhando no sentido de admitir o cabimento dos embargos infringentes dos acórdãos não unânime proferido em remessa obrigatória, como se houvesse sido em apelação não unânime, principalmente pelo âmbito da devolutividade, que, no caso, é plena.[304]

É nessa direção também o pensamento Araken de Assis:

[...] No julgamento do reexame obrigatório, até em virtude da omissão de regime específico, tudo se passa como se existisse apelação voluntária. A devolução é integral e o Tribunal reexamina a sentença para depois confirmá-la ou reformá-la, dos fundamentos ao dispositivo, seja em capítulo acessório ou principal do ato decisório de primeiro grau. E, principalmente, o acórdão emanado do Tribunal "ad quem" é suscetível de impugnação ou recurso, conforme o caso, tal como se estivesse decorrido de procedimento recursal voluntariamente instaurado.[305]

É também de acordo com tal fundamentação o posicionamento de Flávio Cheim Jorge, o qual reconhece que a remessa necessária não tem natureza recursal, mas possui o mesmo procedimento que a apelação e o tribunal, assim, poderia reexaminar a causa e reformar, por maioria, a sentença contrária à Fazenda Pública.[306]

Nessa senda, firmou posicionamento Ennio Bastos de Barros:

Estabelecida, portanto, a identidade entre os institutos do Código revogado e do atual e entendido que a remessa, assim apelidada por mero amor à forma, con-

---

[303] MOREIRA, José Carlos Barbosa. *Op. cit.*, 2003, p. 523.

[304] NERY JUNIOR, Nelson. *Princípios fundamentais...*, op. cit., 1993, p. 265.

[305] ASSIS, Araken de. Admissibilidade..., *op. cit.*, 2001, p. 131/132.

[306] CHEIM, Jorge Flávio. Embargos infringentes: uma visão atual. In: NERY JUNIOR, Nelson; WAMBIER, Tereza Arruda Alvim (coord.). *Op. cit.*, 1999, p. 290.

tinuou a ser apelação necessária ao lado da voluntária, e sabido que a primeira segue a sorte da última, a conclusão inarredável será no sentido de que conhecida e julgada, apenas a necessária, à falta de interposição da voluntária, adequados serão os embargos infringentes (art. 530), quando não for unânime o julgado.[307]

Prossegue, ainda, com esse entendimento Vicente Greco Filho, ao se reportar sobre o assunto, que assim preleciona: "Apesar da omissão da lei, têm sido admitidos embargos infringentes em casos de reexame obrigatório (art. 475), que não é apelação, mas tem o mesmo objetivo prático em favor da Fazenda Pública ou no caso de anulação de casamento".[308]

Noutro viés, Bernardo Pimentel Souza defende o descabimento dos embargos, pois "a despeito da existência de abalizada doutrina com outro entendimento, tudo indica que o instituto previsto no artigo 475 do Código de Processo Civil não tem natureza recursal".[309] Tal autor levanta a natureza jurídica não recursal do reexame para fundamentar o descabimento dos embargos infringentes no seu julgamento, pois, "a remessa obrigatória não pode ser confundida com o recurso de apelação, e o artigo 530 não inclui o reexame necessário entre as hipóteses de cabimento dos embargos infringentes".[310]

Também no sentido de entender pela interpretação restritiva quanto ao cabimento dos embargos infringentes na remessa oficial, Jorge Tosta analisa que o reexame necessário constitui medida excepcional, traduzida no prolongamento *ex lege* do estado de inexequibilidade definitiva da sentença.[311] Também o recurso de embargos infringentes constitui meio de impugnação excepcional, com características e requisitos específicos e rigorosos.[312] Assim, entende o autor que o recurso deve ser interpretado com restrição, principalmente no que tange às hipóteses de cabimento. Dentro de tal raciocínio, qualquer interpretação que amplie a possibilidade de

---

[307] BARROS, Ennio Bastos de. Os Embargos Infringentes e o Reexame Necessário. *Revista dos Tribunais*. v. 479, p. 18, set. 1975.

[308] GRECO FILHO, Vicente. *Direito processual civil brasileiro*. São Paulo: Saraiva, 2000, v. 2, p. 305.

[309] SOUZA, Bernardo Pimentel. Os novos embargos infringentes da Lei n. 10.352/2001. *Gênesis Revista de Direito Processual Civil*, Curitiba, n. 33, p. 455, jul./set. 2004.

[310] Ibidem, p. 456.

[311] TOSTA, Jorge. *Op. cit.*, 2005, p. 200.

[312] CUNHA, Gisele Heloísa. *Embargos infringentes*. São Paulo: Revista dos Tribunais, 1993, p. 83-84.

interposição dos embargos infringentes, prolongando o estado de inexequibilidade da sentença, sem expressa previsão legal, padece de juridicidade hermenêutica.[313]

Por fim, é em sentido oposto o entendimento de Rita Gianesini, que traz à baila a questão da ofensa do princípio da isonomia processual:

> Interpretação literal do art. 530 do CPC no sentido de que os embargos infringentes só são cabíveis, neste caso, se houver também apelação, ofende ao princípio da isonomia ou da igualdade das partes, que deve ser mantido no decorrer de todo o processo e com relação a todos os atos processuais. Podendo este raciocínio até ensejar à Fazenda Pública não recorrer, pois existe, em tese, a possibilidade de se excluir da outra parte a chance de ver o caso reapreciado pelo Tribunal local. Podendo, não presentes os requisitos de admissibilidade do recurso especial e extraordinário, sepultar de vez o julgamento do caso.[314]

Entretanto, tal discussão doutrinária acerca da admissão dos embargos infringentes em sede de reexame necessário perdeu força após a edição da Súmula nº 390 do STJ, a qual pacificou a questão no sentido do não cabimento, segundo seu teor: "Nas decisões por maioria, em reexame necessário, não se admitem embargos infringentes" (Rel. Min. Fernando Gonçalves, em 2.9.2009).

---

[313] PORTANOVA, Rui. *Princípios do processo civil*. Porto Alegre: Livraria do Advogado, 1995, p. 268.

[314] GIANESINI, Rita. A fazenda pública e o reexame necessário. In: NERY JUNIOR, Nelson; WAMBIER, Tereza Arruda Alvim (coord.). *Op. cit.*, 2001, p. 927.

5. O reexame necessário na atual configuração legislativa

5.1. Aplicação do § 3º do art. 515 do CPC ao reexame necessário

A Lei nº 10.352, de 26.12.2001,[315] inseriu, no Código de Processo Civil, regra específica referente ao recurso de apelação, permitindo que o tribunal, nos casos de extinção do processo sem julgamento do mérito possa julgar desde logo a lide, se a causa versar questão exclusivamente de direito e estiver em condições de imediato julgamento (CPC, art. 515, § 3º). Tal inovação legislativa objetivou a celeridade processual, comprometida com a preocupação primacial da processualística moderna, qual seja, a de imprimir maior efetividade e celeridade à prestação jurisdicional.

Vários doutrinadores afirmam que esta seria uma exceção ao princípio da *reformatio in pejus*, pois o tribunal, verificando que a causa está "madura", poderia julgar a causa no estado em que se encontra. É o caso da parte que teve um processo extinto sem julgamento do mérito, apelar, e o tribunal julga a causa no mérito, tendo consequências mais gravosas que o resultado do primeiro grau.

O novo § 3º do art. 515, embora trazido do direito português, tem origem germânica, cujo recurso equivalente de apelação cível possui o chamado efeito "translativo", novidade na apelação brasileira, e que não se confunde com o tradicional efeito devolutivo. De fato, é o efeito translativo que mais se coaduna com o novo instituto.

---

[315] A Lei nº 10.352 foi publicada no DOU de 27.12.2001 e entrou em vigor três meses depois (27.3.2002). Aplica-se, pois, às sentenças publicadas em mãos do escrivão (independentemente da data em que prolatada) dali em diante.

Na verdade, trata-se de mais um caso em que se manifesta o denominado efeito translativo, no qual a lei processual, em decorrência do princípio inquisitório, permite ao juízo *ad quem* o conhecimento e julgamento de questões não aduzidas pelo recorrente em seu recurso.[316]

A incidência do princípio inquisitório se mostra clara, já que não é exigido nem mesmo o pedido do apelante para que o Tribunal possa aplicar o disposto no art. 515, § 3º, do CPC.

Como já dito, o referido dispositivo exige que a questão exclusivamente de direito versada na causa tenha sido debatida pelas partes. Do contrário não haverá questão, mas mera postulação, o que não autoriza o tribunal a julgar a lide no estado em que se encontra, como ocorre se a extinção do processo houver sido proclamada antes da citação do réu.

Contudo, Jorge Tosta aduz que "a inexistência de debate sobre a questão versada na causa pode resultar da revelia do réu. Nesse caso, embora a questão não tenha sido efetivamente debatida pelas partes, houve possibilidade de debate, o que autoriza plenamente a aplicação do § 3º do art. 515 do CPC".[317]

Também é nesse sentido o entendimento de Pedro Dias de Araújo Júnior, o qual não vislumbra qualquer possibilidade de impedimento de julgamento de causa madura, na hipótese do art. 515, § 3º, contra a Fazenda Pública, eis que inexiste comando normativo específico determinando que, estando a causa em condições de julgamento, tenha que retornar ao juízo de primeiro grau para sofrer reexame necessário pela mesma câmara cível que já estava, anteriormente, preparada para julgar a causa.[318]

Dessa forma, o que o § 3º, do art. 515 do CPC, determina é a correção do dispositivo da sentença de extinção sem exame de mérito para procedência ou improcedência do pedido, sempre que o juiz de primeiro grau houver enfrentado a questão de fundo na fundamentação da sentença, porém sob o enfoque de carência da ação ou ausência de pressuposto processual.

---

[316] TOSTA, Jorge. *Op. cit.*, 2005, p. 252.

[317] Ibidem, p. 253-254.

[318] ARAÚJO JÚNIOR, Pedro Dias de. Aspectos cruciais na interpretação do reexame necessário após a reforma processual. *Revista da ESMESE*, Aracaju, n. 5, p. 148, 2003.

A toda evidência, a novel regra processual suscita algumas considerações quanto à lesão do princípio do duplo grau de jurisdição, em razão da supressão de instância, além de algumas outras garantias constitucionais, como o princípio da fundamentação das decisões e do contraditório, além da lesão frontal do princípio do juiz natural.

Todavia, a questão deve ser analisada não sob o enfoque do princípio do duplo grau de jurisdição, mas sim da competência do juízo *ad quem* para conhecer e julgar a questão de fundo, mesmo quando o juízo *a quo* não o tenha feito.

No intuito de deslocar a discussão para a competência do órgão judicante, considera Nelson Nery Júnior:

> Algumas questões que se tem levantado sobre o duplo grau de jurisdição não pertencem à discussão sobre a incidência ou não do princípio. O exemplo mais comum é o da apelação de sentença de extinção do processo sem julgamento de mérito, que, quando provida pelo tribunal *ad quem*, sofre julgamento pelo mérito sem que o juiz de primeiro grau houvesse decidido o fundo do litígio. O que ocorre nesse caso, em verdade, é a discussão sobre a competência do órgão judicante para conhecer e julgar esta ou aquela questão ou causa. Nada tem a ver com o duplo grau de jurisdição. Quando o CPC estabelece que a competência para julgar determinada causa é do juiz monocrático de primeiro grau, quer isto significar que somente com a sentença de mérito é que estará exaurida a sua competência para o exercimento da atividade jurisdicional (art. 463, *caput*).[319]

Assim, ao que tudo indica, o art. 515, § 3º, do CPC acabou criando nova espécie de competência originária dos tribunais, na medida em que chancela ao órgão *ad quem* o conhecimento e julgamento do mérito da causa sem qualquer pronunciamento do juiz de primeiro grau.[320]

Porém, atentando para o objetivo do presente estudo, interessa tratar da questão da aplicação do § 3º do referido artigo do CPC ao reexame necessário.

Em princípio, a aplicação do § 3º do art. 515, introduzido pela Lei nº 10. 352, de 26.12.2001, pode ocorrer tanto no julgamento do recurso de apelação como em sede de reexame necessário, observando-se, todavia, a exigência de que o juízo *a quo* tenha apreciado a questão de fundo, embora concluindo pela extinção do processo sem exame de mérito. Assim, nada impede que o relator julgue o

---

[319] NERY JUNIOR, Nelson. *Princípios fundamentais...*, *op. cit.*, p. 45.

[320] TOSTA, Jorge. *Op. cit.*, 2005, p. 256.

próprio mérito da ação, em havendo errônea definição jurídica da sentença que deu pela carência da ação proposta pela Fazenda ou pelo autor da ação popular.[321]

O § 3º do artigo em tela nada indica quanto à exigência de interposição de recurso para que o tribunal possa conhecer da questão de mérito. Jorge Tosta traz como exemplo a hipótese prevista no art. 19, da Lei nº 4.717, de 29.6.1965 (Lei da Ação Popular), *in verbis*: "A sentença que concluir pela carência ou pela improcedência da ação está sujeita ao duplo grau de jurisdição (...)". O autor propõe a seguinte questão:

> Imagine-se que o juiz, entenda não ter havido ilegalidade do objeto (art. 2º, *c*, da Lei 4.717/1965), conclua pela carência da ação popular, após a contestação dos réus. No julgamento do reexame necessário determinado pelo art. 19 da citada lei pode o Tribunal, aplicando o disposto no art. 515, § 3º, do CPC, julgar desde logo a lide, dando pela procedência ou improcedência da ação popular, porquanto para saber se houve ou não ilegalidade do objeto basta verificar se "o resultado do ato importa em violação de lei, regulamento ou outro ato normativo" (art. 2º, parágrafo único, alínea *c*, da Lei nº 4.717/65), questão, como se vê, exclusivamente de direito.[322]

Entretanto, a incidência do art. 515, § 3º, do CPC, no julgamento do reexame necessário em sede de ação popular deve ser feita com cautela, já que, nesse caso, a sentença terá eficácia de coisa julgada oponível *erga omnes* (art. 18, da Lei nº 4.717/65), impedindo que qualquer cidadão possa intentar outra ação com idêntico fundamento, pois trata-se de questão exclusivamente de direito, não cabendo falar-se em nova prova.[323]

De outra banda, há que se considerar que a aplicação do § 3º, do art. 515, ao reexame necessário suscita questão contraditória, uma vez que parece claro que não foi intenção do legislador criar mais uma espécie de abrandamento da remessa *ex officio*. Tanto isso é verdade que a mesma Lei nº 10.352/01 trouxe expressivas modificações no referido art. 475 do digesto processual. Se quisesse fazer qualquer outra, por certo, poderia, mas silenciou. Trata-se, evidentemente, de lacuna eloquente.[324]

---

[321] TOSTA, Jorge. *Op. cit.*, 2005, p. 258.

[322] Ibidem, p. 258/259.

[323] Ibidem, p. 259.

[324] AZEM, Guilherme Beux Nassif. *A Fazenda Pública e o art. 515, § 3º, do CPC*. Disponível em: http://www.tex.pro.br. Acesso em: 15 out. 2008.

Por certo, ao aplicar o art. 515, § 3º, do CPC, em desfavor da Fazenda Pública, a decisão contrária ao ente público surgiria somente na segunda instância, ou seja, em acórdão, decisão que não seria condicionada à remessa obrigatória. O próprio caráter facultativo da regra colide com a obrigatoriedade prevista no art. 475, I, do CPC.[325]

E aí ocorre a primeira antinomia entre as normas do art. 475 e do 515, § 3º, ambas do CPC. Enquanto a primeira indica que quando houver condenação em determinados casos a decisão terá que ter um reexame necessário por um órgão superior, o efeito translativo da apelação cível indica que, uma vez existindo causa madura não julgada no juízo *a quo*, caberá seu julgamento originário pelo tribunal, o que denegaria a possibilidade de reexame necessário.

Assim, estar-se-ia desconsiderando a regra do reexame necessário, criado para proteger a Fazenda Pública, consubstanciando-se em verdadeira prerrogativa. Justamente pelo reexame necessário representar uma prerrogativa da Fazenda Pública é que se reveste de condição de norma especial, não podendo, portanto, ser afastada por norma geral.[326]

Humberto Theodoro Júnior assevera que:

> [...] quebrando a tradição do processo civil brasileiro, que não admitia o tribunal enfrentar o mérito da causa, quando a sentença apelada houvesse extinto o processo por apreciação apenas de preliminar, a Lei 10.352 adicionou o § 3º ao art. 515, para permitir justamente aquilo que se vedava.[327]

Ao se analisar a *ratio* da reforma processual, as duas normas tiveram por fundo uma duplicidade de valores: uma maior efetividade processual somada à segurança das decisões judiciais. E esses dois valores se chocam quando a apelação cível joga a "causa madura" contra a Fazenda Pública para ser julgada, agora em única instância, pelo tribunal competente.

---

[325] Humberto Theodoro Júnior entende que o novo § 3º do art. 515 do CPC não criou simples faculdade para o Tribunal, que tem o dever de enfrentar o mérito da causa, quando configurados os requisitos legais para tanto (THEODORO JÚNIOR, Humberto. *Curso de direito processual civil*. Rio de Janeiro: Forense, 2004, v.1, p. 535).

[326] Conforme o art. 2º, § 2º, da LICC, a lei nova, que estabeleça disposições gerais ou especiais a par das já existentes, não revoga nem modifica a lei anterior.

[327] THEODORO JÚNIOR. Humberto. *Op. cit.*, 2002, p. 126.

Portanto, não é pacífica a questão quanto à aplicação do § 3º do art. 515, em sede de remessa obrigatória, havendo quem defenda que não foi o espírito da inovação legislativa afastar a prerrogativa do reexame necessário da Fazenda Pública.[328]

Guilherme Nassif Azem entende pela não incidência do § 3º do art. 515, do CPC, em remessa oficial e aduz o seguinte: "Descabe ao tribunal, nesses casos, adentrar no mérito da demanda, sendo o caso de se determinar a remessa dos autos à instância de origem, para que julgue a lide conforme seu livre e motivado convencimento".[329]

Nesse sentido, manifestou-se o STJ:

> Há jurisprudência nesta Corte no sentido de que, tratando-se de questão eminentemente de direito e estando a causa em condições de imediato julgamento, deve ser aplicada à espécie a Teoria da Causa Madura, consagrada no art. 515, § 3º, do CPC, prestigiando-se, assim, os princípios da celeridade, da economia processual e da efetividade do processo, informadores do Direito Processual Civil moderno. Todavia, no caso dos autos, a r. sentença foi devolvida ao TRF da 3ª Região, por força de apelação interposta pelas empresas e de remessa oficial. Desse modo, os autos devem retornar ao Tribunal de origem, a fim de que esse proceda ao reexame necessário das demais questões decididas na r. sentença em desfavor da autarquia federal, nos termos do art. 475, I, do CPC. Isso porque somente àquela Corte compete o reexame da sentença nas questões em que restou sucumbente a Fazenda Pública, para dar efetividade ao duplo grau de jurisdição, sob pena de o julgamento deste Superior Tribunal de Justiça ensejar supressão de instância.[330]

A problemática da antinomia das duas normas, naquilo que se chocam (condenações superiores a 60 salários mínimos, que não estejam sumuladas pelo STF ou STJ, ou decididas, com atualidade, pelo plenário do STF), deve ser resolvido pela conciliação da carga valorativa de ambas: a uma, traz o valor segurança; a outra, o valor celeridade processual.

---

[328] É nesse sentido o posicionamento de Guilherme Nassif Azem, o qual corrobora seu argumento com o seguinte exemplo: "Imaginemos, nessa linha de raciocínio, que houvesse alteração do prazo para a interposição da apelação, de 15 (quinze) para 10 (dez) dias. Isso não afastaria, obviamente, a aplicação do art. 188 do CPC, norma especial" (AZEM, Guilherme Beux Nassif. *A Fazenda Pública e o art. 515, § 3º, do CPC*. Disponível em: http://www.tex.pro.br. Acesso em: 15 out. 2008).

[329] AZEM, Guilherme Beux Nassif. *A Fazenda Pública...*, *op. cit.*, 2008.

[330] STJ, 1ª T., REsp 738.913/SP, 8.8.2006, Rel. Min. Denise Arruda, DJ 31.8.2006, p. 221.

5.2. Possibilidade de concessão de medida antecipatória de tutela em face da fazenda pública

Uma das principais alterações havidas no sistema processual brasileiro, por conta das reformas (Lei n° 8.952/94) foi, sem dúvida, a adoção do instituto da antecipação da tutela.

O art. 273 do CPC prevê a possibilidade de que se antecipem todos ou alguns dos efeitos do provimento jurisdicional, sempre que o juiz se convença da verossimilhança das alegações do autor, demonstradas por intermédio de prova inequívoca de *fumus boni iuris*, se houver *periculum in mora*, ou ainda se ficar provado abuso de direito de defesa ou propósito protelatório do réu.

Ao abordar esse assunto, surge grande controvérsia acerca de ser possível ou não a antecipação da tutela, em face da Fazenda Pública. A doutrina é controvertida a respeito, apresentando fortes argumentos que se abrem em duas vertentes relativamente a tal questão.

A não concessão de antecipação de tutela contra a Fazenda Pública tendo como fundamento o disposto no art. 475 do CPC, não pode prosperar, eis que somente se sujeita ao duplo grau de jurisdição a sentença em que for vencida a Fazenda Pública, e não as decisões que contra ela concedam-se liminares. Sendo a antecipação de tutela concedida mediante decisão interlocutória, de cunho provisório e modificável pelo próprio juiz que a concedeu, não há que se falar em incidência do art. 475, como respaldo jurídico à negativa.

O art. 475, do CPC, reza que "está sujeita ao duplo grau de jurisdição, não produzindo efeito senão depois de confirmada pelo tribunal, a *sentença*". Logo, representa flagrante erro interpretativo, além de manifesta inconstitucionalidade inserir no conceito estrito de *sentença*, a que alude o citado dispositivo legal, às decisões interlocutórias.[331]

Propugnando pela impossibilidade de concessão de medida antecipatória contra a Fazenda Pública, aduz Francesco Conte:

> Descabe, reitere-se, em perspectiva de interpretação sistemática, a antecipação da tutela quando, no pólo passivo, figurar a União, os Estados membros, o Distrito Federal, os Territórios e os Municípios, posto que, se a própria sentença proferida contra estas entidades de direito público está sujeita ao reexame necessário, não

---

[331] TOSTA, Jorge. *Op. cit.*, 2005, p. 234.

produzindo efeito senão depois de confirmada pelo tribunal (artigo 475, II, do CPC), a medida antecipatória, concedendo o próprio direito afirmado pelo autor, consubstanciando mera decisão interlocutória, *a fortiori*, não tem, na espécie, aptidão para produzir qualquer efeito. A eficácia do apêndice (decisão interlocutória) não pode ser maior do que a do próprio corpo (sentença).[332]

Há parcela da doutrina que ainda atenta para o fato de que aplicar interpretação extensiva do art. 475 do CPC, instituto que tem caráter excepcional e, *ipso facto*, deve ser interpretado de forma restritiva, viola o princípio da irrecorribilidade em separado das decisões interlocutórias, em razão do efeito suspensivo da eficácia da decisão.[333]

Além disso, haveria violação ao princípio da proporcionalidade, dada a absoluta inadequação do reexame em face do que a lei processual previu, além de se tratar de medida desnecessária ao fim a que se destina, porquanto a análise de eventual prejuízo à Fazenda pode ser feita mais adiante por ocasião do reexame da própria sentença.[334]

A Medida Provisória nº 375/93 chegou a prever regime jurídico semelhante ao da remessa necessária para as decisões interlocutórias, sendo considerada inconstitucional pela Adin 975-3-DF (Rel. Min. Carlos Velloso, DJU 15.12.1993, p. 27.691).

Portanto, o regime do reexame necessário, previsto no art. 475, do CPC, não tem o condão de impedir a concessão de liminar contra a Fazenda Pública.

Não obstante, Rita Gianesini sustenta a admissibilidade do reexame necessário em face de decisão interlocutória que antecipa a tutela: "[...] apesar de ser uma decisão interlocutória, há necessidade de a concessão da tutela antecipada ser reexaminada pelo Tribunal. Se não for assim, esta tão propugnada celeridade criaria empecilhos ao próprio interesse público, o que não tem sentido algum".[335]

Acompanhando tal entendimento, traz-se à baila a ponderação de Renato Luís Benucci, segundo a qual o entendimento de que o reexame necessário das sentenças proferidas contra a Fazenda Pú-

---

[332] CONTE, Francesco. A fazenda pública e a antecipação jurisdicional da tutela. *Revista dos Tribunais*: Revista dos Tribunais. v. 718, p. 20.

[333] TOSTA, Jorge. *Op. cit.*, 2005, p. 235.

[334] Idem.

[335] GIANESINI, Rita. *Tutela antecipada e execução provisória contra a fazenda pública*. Direito processual público. A Fazenda Pública em juízo. São Paulo: Malheiros, 2000, p. 173.

blica, após o advento do instituto da antecipação de tutela, impediria a sua imediata execução, não se coaduna com a interpretação sistemática de nosso ordenamento jurídico,[336] pela mesma razão que não se pode falar em impossibilidade de antecipação de tutela proferida contra particular de cuja sentença final possa ser interposta apelação recebida no duplo efeito.[337]

Por outro lado, imperioso examinar a questão da liminar concedida no mandado de segurança. Primeiramente, a natureza da liminar concedida no mandado de segurança é antecipatória sendo, inclusive, plenamente executável. A liminar concedida no *mandamus*, sendo executável desde logo, não necessita de confirmação na instância superior para que produza efeitos no mundo jurídico. Como exemplo, pode-se citar o art. 151, IV, do CTN,[338] o qual prevê a suspensão da exigibilidade do crédito tributário pela concessão de medida liminar em mandado de segurança. Igual tratamento deve ser dado às ações ordinárias, pois o instituto da antecipação de tutela, seja na via do *mandamus* ou da ação ordinária, é o mesmo.

Nesse sentido, leciona Renato Luís Benucci:

> Como o recebimento da apelação, em seu duplo efeito, não impede a antecipação de tutela e a execução imediata de sentença proferida contra o particular, da mesma forma, a sentença proferida contra a Fazenda Pública não pode afastar a possibilidade de antecipação de tutela, pois os seus efeitos são exatamente os mesmos. Aceitar-se o contrário significa inviabilizar o instituto da antecipação de

---

[336] Relativamente à tal questão, é indispensável citar o conceito de sistema jurídico esposado por Juarez Freitas em sua obra *A interpretação sistemática do direito*: "[...] entende-se apropriado conceituar o sistema jurídico como uma rede axiológica e hierarquizada topicamente de princípios fundamentais, de normas estritas (ou regras) e de valores jurídicos cuja função é a de, evitando ou superando antinomias em sentido lato, dar cumprimento aos objetivos justificadores do Estado Democrático, assim como se encontram consubstanciados, expressa ou implicitamente na Constituição." (FREITAS, Juarez. *A interpretação sistemática do direito*. 4. ed. São Paulo: Malheiros, 2004, p. 54).

[337] BENUCCI, Renato Luís. *Antecipação da tutela em face da fazenda pública*. São Paulo: Dialética, 2001, p. 65.

[338] Art. 151. Suspendem a exigibilidade do crédito tributário: I – moratória; II – o depósito do seu montante integral; III – as reclamações e os recursos, nos termos das leis reguladoras do processo tributário administrativo; IV – a concessão de medida liminar em mandado de segurança. V – a concessão de medida liminar ou de tutela antecipada, em outras espécies de ação judicial; (Inciso incluído pela LCP nº 104, de 10.1.2001). (Vide MP nº 38, de 13.5.2002). VI – o parcelamento. (Inciso incluído pela LCP nº 104, de 10.1.2001) (Vide MP nº 38, de 13.5.2002). Parágrafo único. O disposto neste artigo não dispensa o cumprimento das obrigações acessórias dependentes da obrigação principal cujo crédito seja suspenso, ou dela conseqüentes.

tutela. Não se pode admitir que a possibilidade de submissão ao duplo grau de jurisdição impeça a antecipação dos efeitos do provimento jurisdicional, sob pena de perecimento de direitos. [...] Outro argumento, para afastar o reexame necessário como óbice à antecipação da tutela em face da Fazenda Pública é o que estabelece uma comparação com as medidas liminares em mandado de segurança. De fato, é nítida a natureza antecipatória das liminares concedidas em mandado de segurança, onde são antecipados os efeitos do julgamento do mérito da segurança. A tutela antecipada em face da Fazenda Pública, nas ações de conhecimento, é muito semelhante à liminar em mandado de segurança. Não obstante, jamais foi contestada a eficácia das medidas liminares em mandado de segurança, sob o argumento de que estas deveriam sujeitar-se ao reexame necessário – previsto especificamente na Lei n. 1.533/51, em seu art. 12 – e serem confirmadas pelo tribunal. Não há, portanto, que se confundir reexame necessário com óbice ao cumprimento provisório da sentença ou com obstáculo à efetivação da antecipação de tutela.[339]

Destarte, não faria sentido se impedir a antecipação de tutela[340] em ações ordinárias com base na necessidade do reexame necessário, até porque este é apenas condição para a confirmação da sentença e não da decisão interlocutória que concede a antecipação de tutela.

Em princípio, o instituto da antecipação de tutela seria empregável, a qualquer procedimento de cognição, sob a configuração de liminar satisfativa provisória diferenciando-se, assim, das liminares de evidente caráter preventivo, como, por exemplo, as medidas cautelares em espécie, conforme ensina Humberto Theodoro Júnior, "não assumindo o efeito exauriente da tutela jurisdicional final".[341]

---

[339] BENUCCI, Renato Luís. *Op. cit.*, 2001, p. 66.

[340] Relativamente ao instituto da antecipação de tutela, ensina Araken de Assis que "destina-se o instituto a promover novo equilíbrio entre os litigantes, porque o fator tempo, inerente a todo processo judicial, recai preponderantemente sobre o autor." (ASSIS, Araken de. Fungibilidade das Medidas Inominadas Cautelares e Satisfativas. *Revista Jurídica*, n. 272, p. 5, jun 2000). Defende, ainda, Araken de Assis, sobre o instituto da antecipação de tutela, "o caráter progressista do instituto". Nesse sentido, advoga o autor que a criação do instituto "permitirá uma inovação imediata, redistribuindo entre as partes o ônus temporal do processo, no regime anterior suportado exclusivamente pelo autor. É por tal motivo que, a despeito de respeitáveis opiniões em contrário, a circunstância de a antecipação da tutela beneficiar somente o autor nada ostenta de inconstitucional. Ao contrário, o instituto procura debelar uma situação de desigualdade, promovendo uma melhor distribuição do ônus temporal do processo entre as partes". (ASSIS, Araken de. *Doutrina e Prática do Processo Civil Contemporâneo*. São Paulo: Revista dos Tribunais, 2001, p. 403).

[341] THEODORO JÚNIOR, Humberto. *Curso de direito processual civil*. 20. ed. Rio de Janeiro: Forense, 1999, v. I, p. 371.

Todavia, na prática, configuram-se situações em que a concessão da tutela antecipatória tem cunho satisfativo.[342]

Nessa senda, frisa-se que, também, na prática, e de acordo com a realidade dos tempos atuais, pode-se encontrar concessão da tutela antecipatória contra a União Federal sem a existência de contrariedade ao disposto no art. 1º, da Lei nº 8.437/92, e ao disposto na Lei nº 9.494/97. Ora, tal concessão se dá pela ausência de prejuízo àquele ente de direito público interno.[343]

Dessa forma, seria possível a tutela antecipada contra a Fazenda Pública sempre que não se trate de hipóteses reprimidas pela Lei nº 9.494/97. As limitações, em sua maioria, adstringem-se ao tema servidores públicos e seus rendimentos e vantagens pecuniárias. Essa interpretação não pode ser estendida (porque, como é cediço, normas restritivas devem ser interpretadas restritivamente) para outros temas.[344]

---

[342] É nesse sentido, o seguinte julgado a seguir transcrito: CONCURSO PÚBLICO – ANTECIPAÇÃO DE TUTELA PARA PERMITIR MATRÍCULA EM ETAPA POSTERIOR DE CURSO PREPARATÓRIO – POSSIBILIDADE – ART. 273 DO CPC. – 1. Nos termos do art. 273 do CPC, concede-se a antecipação de tutela se, havendo prova inequívoca, o juiz estiver convencido da verossimilhança da alegação e houver fundado receio de dano irreparável ou de difícil reparação. 2. Havendo irregularidade no procedimento de julgamento do recurso administrativo, a verossimilhança do direito alegado possibilita a antecipação de tutela para que o candidato matricule-se em etapa posterior do certame. 3. Recurso improvido (TRT 4ª Região, AI 1998.04.01.037190-7/RS, 3ª T., Rel. Juíza Luiza Dias Cassales, DJU 2.6.1999, p. 672).

[343] É o que se pode constatar mediante análise do acórdão que ora se colaciona: AGRAVO DE INSTRUMENTO – CONCURSO PÚBLICO – ANTECIPAÇÃO DE TUTELA CONTRA ENTIDADES PÚBLICAS – POSSIBILIDADE – INAPLICABILIDADE DA LEI Nº 9.494/97 – INEXISTÊNCIA DE PREJUÍZO PARA A UNIÃO – I- Acompanhando a lição do professor Teori Albino Zavaschi, eminente Juiz desta Corte, entendendo ser possível a antecipação dos efeitos da tutela contra as entidades públicas, ainda que existam limitações como as previstas na Lei nº 9.494/97, que foi considerada constitucional em recente julgamento pelo Supremo Tribunal Federal. II- No caso dos autos, o não deferimento da antecipação é mais prejudicial à União do que o seu deferimento. Os agravados foram aprovados já na 2º fase do concurso pela própria entidade pública, e a decisão está de acordo com a orientação jurisprudencial do Superior Tribunal de Justiça, onde será julgado eventual recurso. III- Haveria sim, o perigo de dano irreparável, se a tese da União prevalecesse, pois se os agravados só forem admitidos após venceram a demanda, verão reconhecido o direito a atrasados, sem terem prestado os respectivos serviços, ao passo que, deferida a antecipação, e na hipótese remota de serem sucumbentes na demanda, terão recebido por serviços efetivamente prestados. IV- Agravo de instrumento improvido (TRF 4ª Região, AI 98.04.00209-4/PR, 4ª T., Rel. Juiz Germano da Silva, DJU 1.7.1998, p. 780).

[344] ALVES, Francisco Glauber Pessoa. A Tutela antecipada em face da Fazenda Pública, seu perfil contemporânea (tendências jurisprudenciais) e a necessidade de uma hermenêutica que lhe atribua efetividade. *Revista de Processo*, n. 110, abr./jun. 2003, p. 45-46.

Entretanto, é de suma importância salientar que o Tribunal de Justiça do Estado do Rio Grande do Sul não tem opinião unânime sobre a possibilidade ou não de admissão da tutela antecipatória contra a Fazenda Pública, apresentando julgados nos dois sentidos opostos.[345]

De acordo o exposto, a concessão da tutela antecipada não teria o condão de contrariar os textos legais das Leis n°s 8.437/92 e 9.494/97 no que concerne à Fazenda Pública, uma vez que, normalmente, não haveria prejuízo ao referido ente de direito público. Aliás, *a contrario sensu*, a não concessão da tutela antecipatória contra o Poder Público pode acarretar prejuízos à sociedade, ao cidadão. Athos Gusmão Carneiro sistematiza a matéria supramencionada da seguinte forma:

> A própria edição da Lei n° 9.494, de 10 de setembro de 1997, revela que as decisões de antecipação dos efeitos da tutela, como outras liminares, podem perfeitamente ser deferidas face entidades de direito público, como, aliás sempre ocorreu, e não será demasia lembrar, nas liminares em ações de mandado de segurança e, mais recentemente, com a utilização anômala de medidas cautelares rotuladas como "inominadas satisfativas".[346]

A propósito, nessa esteira citam-se os comentários de Lenio Luiz Streck, ponderando sobre o assunto que: "os prejuízos para a sociedade são incomensuráveis, mormente se levarmos em conta que a tutela antecipada era o principal sustentáculo das ações civis públicas, cujo réu, na grande maioria dos casos, é o Poder Público".[347]

---

[345] No sentido do descabimento: TUTELA ANTECIPADA. FAZENDA PÚBLICA. DESCABIMENTO. INDEFERIMENTO. 1-É inadmissível a concessão de medida antecipatória de tutela (CPC, art. 273) contra a Fazenda Pública a teor do art. 1º da Lei 9.494/97.2- Agravo de Instrumento desprovido. (Agravo de Instrumento nº 70004898938, 4ª Câmara Cível, Rel. Des. Araken de Assis, julgamento em 11.12.2002)
Contrariamente, pelo cabimento: AÇÃO INCIDENTÁRIA. ANTECIPAÇÃO DE TUTELA. POSSIBILIDADE. PROCESSUAL CIVIL. AGRAVO DE INSTRUMENTO. PEÇAS NECESSÁRIAS. AUSÊNCIA. Considerando o caráter alimentar das prestações previdenciárias, na presença dos pressupostos legais é admissível a tutela antecipada contra a Fazenda Pública. Princípio da Efetividade do Processo que se impõe. Na formação do agravo de instrumento deverá o recorrente acostar cópias das peças obrigatórias e das necessárias ao entendimento da controvérsia. A ausência de qualquer delas obsta o prosseguimento do recurso. Negado seguimento ao agravo. Decisão monocrática (Agravo de Instrumento nº 70006054308, 10ª Câmara Cível, Rel. Dese. Jorge Alberto Schreiner Pestana, julgamento em 27.3.2003)

[346] CARNEIRO, Athos Gusmão. *Da antecipação de tutela*. Rio de Janeiro: Forense, 2005, p. 109.

[347] STRECK, Lenio Luiz. *Hermenêutica jurídica e(m) crise*. 2. ed. Porto Alegre: Livraria do Advogado, 2004, p. 37.

Segundo Athos Gusmão Carneiro, a concessão de antecipação de tutela para a preservação de direitos personalíssimos relevantes está se tornando regra no STJ.[348]

Questões de extrema relevância social, que tenham por escopo a proteção tanto da saúde como da vida humana, estão sendo decididas em sede de antecipação de tutela contra a Fazenda Pública. O autor aponta numerosos exemplos de direitos personalíssimos relevantes, preservados pelo Poder Judiciário, graças à concessão da antecipação de tutela contra o Poder Público, ao colacionar acórdãos do STJ, dentre os quais se destaca o prolatado no REsp nº 409.172.[349]

Relativamente a débitos do erário, com imediata expedição de precatório antes de prolatada a sentença, também há a concessão de antecipação de tutela, sendo que o autor beneficiado, no dizer de João Batista Lopes, "terá [...] primazia na ordem cronológica, o que, em certo sentido, também é satisfação do direito".[350]

Todavia, Cássio Scarpinella Bueno entende que o art. 100 da Carta Magna de 1988 é "óbice invencível para a antecipação de tutela naquelas ações que visem a pagamento ou, imediatamente, à cobrança de valores".[351] Entretanto a jurisprudência do STJ admite a concessão de antecipação de tutela contra a Fazenda Pública, até mesmo nas situações que signifiquem pagamento em dinheiro, desde que presentes os pressupostos previstos no art. 273, do CPC.

Apesar das posições antagônicas, tanto por parte da doutrina como da jurisprudência, o que deve prevalecer em todos os mo-

---

[348] CARNEIRO, Athos Gusmão. *Op. cit.*, 2005, p. 105.

[349] ADMINISTRATIVO. TUTELA ANTECIPADA. FAZENDA PÚBLICA. ESTADO DE NECESSIDADE. VIDA HUMANA. Conquanto o colendo Supremo Tribunal Federal, quando do julgamento em plenário da medida liminar na ADC nº 4, tenha entendido pela impossibilidade da antecipação de tutela em face da Fazenda Pública, tal restrição deve ser considerada com temperamentos. A vedação, assim já entendeu esta Corte, não tem cabimento em situações especialíssimas, nas quais resta evidente o estado de necessidade e a exigência da preservação da vida humana, sendo, pois, imperiosa a antecipação da tutela como condição, até mesmo, de sobrevivência para o jurisdicionado. Precedentes. Recurso não conhecido.(REsp 409.172/RS, Rel. Min. Félix Fischer, 5ª Turma, DJ 29.4.2002, p. 320).

[350] LOPES, João Batista. Tutela antecipada e o art. 273 do CPC. In: WAMBIER, Tereza Arruda Alvim (coord.). *Aspectos polêmicos da antecipação de tutela.* São Paulo: Revista dos Tribunais, 1997, p. 214.

[351] BUENO, Cássio Scarpinella. Tutela antecipada e ações contra o poder público. In: WAMBIER, Teresa Arruda Alvim (coord.). *Aspectos polêmicos da antecipação de Tutela.* São Paulo: Revista dos Tribunais, 1997, p. 63.

mentos do Direito é o bom senso e a ponderação diante do caso em concreto. Portanto, cabe ao juiz apreciar a necessidade ou não da antecipação da tutela, diante do caso prático.

O interesse público, em princípio, prevalece sobre o interesse privado, mas quando a situação concreta *sub judice* implique em ameaça de lesão de direito, o juiz não deve hesitar em conceder a antecipação da tutela, sob pena de não o fazendo, tornar ineficaz a tutela jurisdicional, se deferida tardiamente.

Portanto, entende-se que a tendência inicial entre os autores apontava para a não aceitação da antecipação de tutela em face da Fazenda Pública e baseava-se, essencialmente, em três argumentos principais: as disposições legais prevista na Lei nº 8.437/92 (posteriormente abarcadas pela Lei nº 9.494/97); o reexame necessário como condição de eficácia da decisão proferida contra a Fazenda Pública (art. 475, inciso II, do CPC); e a obrigatoriedade de que a realização dos pagamentos, por força de sentenças judiciais condenatórias contra a Fazenda Pública, deve guardar respeito à ordem cronológica dos precatórios requisitórios de pagamento (dispositivo previsto no art. 730 do Código de Processo Civil, consagrado constitucionalmente pelo art. 100 da Constituição Federal de 1988).[352]

Entretanto, como se viu, a doutrina mais moderna tem entendido que tais óbices são contornáveis, uma vez que a antecipação de tutela, como instituto enaltecedor do princípio da efetividade do processo, não deve sofrer tamanha restrição. Além de que, deve-se buscar uma interpretação sistemática do ordenamento jurídico.

5.3. Direito intertemporal e reexame necessário

A Lei nº 10.352/01 estabeleceu mudanças e restrições na disciplina do reexame necessário. Todavia, é preciso que se analise a partir de que momento essas alterações passam a ser aplicadas concretamente ao reexame necessário. Trata-se, portanto, de uma análise de direito intertemporal.

Na verdade, o aspecto da natureza jurídica do reexame necessário determina o momento de incidência da novel lei, uma vez que

---

[352] BENUCCI, Renato Luís. *Op. cit.*, 2001, p. 47-48.

sendo considerado como recurso terá um tratamento, e sendo classificado como condição de eficácia da sentença[353] receberá disciplina distinta.

O recurso é direito processual subjetivo da parte e não poderá, a partir do momento em que a sentença for prolatada, ser violado jamais, pois foi adquirido. Já o reexame necessário não, pois por não se constituir em direito, mas em prerrogativa que a lei concede a causas que ela própria entende que mereçam tal distinção, poderá ser modificado pelo legislador, tendo sua apreciação alterada a qualquer tempo.[354]

Sendo o reexame necessário mera condição para o trânsito em julgado da sentença, ele não cria nem suprime direito subjetivo das partes, devendo, portanto, aplicar-se a todas as sentenças que ainda não tenham sido objeto do reexame, ainda que proferidas antes da alteração legislativa.[355]

Nesse contexto, surge a norma geral de aplicação da lei no tempo, que é o art. 1º da Lei de Introdução ao Código Civil.[356] A lei processual, além disso, é de ordem pública e, portanto, mereceria aplicação diferenciada. Carlos Maximiliano tratou da abrangência das leis de ordem pública: "Consideram-se de ordem pública as disposições que se enquadram nos domínios do Direito Público; Entram, portanto, naquela categoria as constitucionais, as administrativas, as penais, as processuais, as de polícia e segurança e as de organização judiciária".[357]

---

[353] Considerando-se as críticas a tal classificação tecidas no capítulo próprio da natureza jurídica do reexame necessário.

[354] FONTES, Márcio Schiefler. Direito Processual Intertemporal Aplicado: A Lei 10.352 e as restrições ao Reexame Necessário. *Jurisprudência Catarinense*, Florianópolis, v. 108/109, p. 152.

[355] VAZ, Paulo Afonso Brum. *Op. cit.*, 2004, p. 73.

[356] Decreto-Lei nº 4.657, de 4 de setembro de 1942. Lei de Introdução ao Código Civil brasileiro. Art. 1º Salvo disposição contrária, a lei começa a vigorar em todo o país 45 (quarenta e cinco) dias depois de oficialmente publicada. § 1º Nos Estados estrangeiros, a obrigatoriedade de lei brasileira, quando admitida, se inicia 3 (três) meses depois de oficialmente publicada. § 2º A vigência das leis, que os governos estaduais elaborem por autorização do Governo Federal, depende da aprovação deste e começará no prazo que a legislação estadual fixar. § 3º Se, antes de entrar a lei em vigor, ocorrer nova publicação de seu texto, destinada a correção, o prazo deste artigo e dos parágrafos anteriores começará a correr da nova publicação. § 4º As correções a texto de lei já em vigor consideram-se lei nova.

[357] MAXIMILIANO, Carlos. *Hermenêutica e aplicação do direito.* 19. ed. Rio de Janeiro: Forense, 2001, p. 176.

Nos recursos, a sentença marcará o prazo recursal, mas trata-se de direito da parte vencida recorrer, por sua vontade. No reexame necessário, diferentemente, aguardar-se-á a manifestação do órgão *ad quem*, sem a qual a sentença não produzirá efeitos integrais. Se no primeiro caso a lei nova não pode macular o direito, exercido pela vontade, então adquirido, no segundo não há direito adquirido a resguardar. A lei se aplica, portanto, de imediato.

Assim, sendo a apreciação do reexame necessário posterior à entrada em vigor da lei nova, esta indubitavelmente incidirá sobre ele, uma vez que "as leis processuais são de efeito imediato frente aos feitos pendentes, mas não são retroativas, pois só os atos posteriores à sua entrada em vigor é que se regularão por seus preceitos".[358]

Galeno Lacerda, ao examinar situação análoga à Lei nº 10.352/01, relativa ao fim do reexame necessário em desquite amigável, discorreu sobre a questão do direito intertemporal:

Em face dessa doutrina e da análise já feita, quanto aos elementos que integram a situação jurídica complexa do desquite amigável, somos levados à conclusão de que o novo Código, ao eliminar o segundo grau de jurisdição, como fato constitutivo final e necessário dessa situação, incide desde logo sobre os processos em curso. Dir-se-á que, desta forma, se estará atribuindo eficácia constitutiva final à sentença homologatória de primeira instância, eficácia que esta não possuía pela lei antiga. Cumpre observar, porém, que no complexo processo do desquite amigável todos os principais atos possuem eficácia constitutiva. Essa modalidade de dissolução da sociedade conjugal não pode existir, não pode constituir-se, evidentemente, sem o acordo dos cônjuges, sem a sua ratificação, sem a sentença homologatória de primeira instância e sem a confirmação desta pela segunda. Todos e cada um destes atos eram, pela lei antiga, absolutamente essenciais à constituição da situação jurídica em causa. Qualquer deles que faltasse, prejudicaria a eficácia dos demais. Sendo assim, não há por que estranhar o efeito imediato da lei nova que retira o último ato da série, e que considera como bastantes em si, para a constituição plena da situação, os atos iniciais já praticados.[359]

Mais adiante o jurista conclui seu pensamento:

A eliminação desse juízo, portanto, em nada altera o termo inicial aquisitivo da situação de desquite. [...] Restaria o controle dos valores indisponíveis na situação jurídica, isto é, daqueles que, na verdade, justificavam pela lei antiga – e somente

---

[358] THEODORO JÚNIOR, Humberto. *Curso de direito processual civil*. 37. ed. Rio de Janeiro: Forense, 2001, v. 1, p. 19.

[359] LACERDA, Galeno. *O novo direito processual civil e os feitos pendentes*. Rio de Janeiro: Forense, 1974, p. 81-82.

eles – a intervenção da segunda instância na matéria, isto é, a cautela quanto à guarda e educação dos filhos e à cláusula alimentar. Principalmente por causa destas razões, de interesse público, é que a lei antiga exigia o duplo grau de jurisdição. A lei nova, porém, considerando os mesmos valores, entende que lhes basta, como tutela necessária, o exame em primeiro grau e, por isto, exclui o recurso de ofício, embora mantenha ainda, como fiador dessa tutela, o recurso voluntário do Ministério Público. Se o legislador, que é o principal intérprete do interesse público, assim dispõe, a conclusão irrefutável a que se chega é que, a partir daí, a atuação forçada da segunda instância não é mais reclamada como expressão desse interesse. Indiscutível, portanto, que, sob qualquer perspectiva, privada ou pública, a aplicação imediata da lei nova se impõe na espécie.[360]

Assim, a lei nova deveria incidir plenamente sobre os reexames necessários pendentes de julgamento, mesmo que para restringir suas hipóteses de manifestação.

A apreciação dos recursos pendentes de julgamento quando da entrada em vigor da Lei nº 10.352/01 pelos órgãos jurisdicionais *ad quem* não sofre modificação, ou seja, são processados pelas normas legais vigentes à data da prolação da sentença – ou, em segundo grau, do acórdão – ou da decisão interlocutória (em se tratando de agravo de instrumento). O reexame necessário – que não é considerado recurso pela doutrina majoritária, mas sim condição de eficácia da sentença – tem sua apreciação submetida totalmente aos dispositivos modificados pela lei em questão. A despeito disso, o STJ vem entendendo em sentido contrário, fato que vai de encontro à obtenção da efetividade do processo e dos ditames de direito intertemporal.[361]

---

[360] LACERDA, Galeno. *Op. cit.*, p. 82/83.

[361] PROCESSUAL CIVIL. RECURSO ESPECIAL. DIREITO INTERTEMPORAL. PESSOA JURÍDICA DE DIREITO PÚBLICO SUCUMBENTE EM PRIMEIRA INSTÂNCIA. AUSÊNCIA DE RECURSO VOLUNTÁRIO. REMESSA OFICIAL AO TRIBUNAL *AD QUEM*, QUE APLICA LEI PROCESSUAL NOVA. INTERPRETAÇÃO DOS ARTS. 475, § 2º (REDAÇÃO DA LEI Nº 10.352/01), E 1.211 DO CPC. ADOÇÃO DO PRINCÍPIO *TEMPUS REGIT ACTUM*. OBSERVÂNCIA DA LEI EM VIGOR NA DATA DA PROLAÇÃO DA SENTENÇA. DEFINIÇÃO DA MATÉRIA PELA CORTE ESPECIAL. 1. Recurso especial contra acórdão que não conheceu da remessa oficial, tendo em vista a aplicação imediata da norma introduzida pela Lei nº 10.352/01 quanto ao reexame necessário nas ações com valor inferior a 60 salários mínimos. 2. A Corte Especial do STJ pacificou entendimento no sentido de que a lei em vigor, no momento da prolação da sentença, regula os recursos cabíveis contra ela, bem como a sua sujeição ao duplo grau obrigatório, repelindo-se a retroatividade da norma nova, *in casu*, da Lei 10.352/01 (EREsp nº 600874/SP, deste Relator, DJ de 4.9.2006). 3. Recurso provido, com a baixa dos autos ao Tribunal a quo para que aprecie a remessa oficial (REsp 971091/SP, Rel. Min. José Delgado, DJ 24.9.2007, p. 270).

6. Reexame necessário: garantia justificável da fazenda pública?

6.1. Razões justificadoras da manutenção do reexame necessário no Direito Processual Civil brasileiro

Nos tempos atuais, a preocupação da doutrina moderna focaliza-se na efetividade das normas processuais, a qual se confunde em grande parte com a possibilidade de obter-se a tutela jurisdicional em tempo razoável. A morosidade processual representa uma das principais causas de descrédito no Judiciário, o que lhe retira, em certa medida, legitimidade.

Em razão disso, as últimas reformas processuais têm buscado promover mudanças e alterações no sentido de se obter a efetividade e a celeridade do processo.

Contudo, a celeridade do processo não pode justificar a extinção de institutos importantes e seguros ao sistema, como o reexame necessário que visa a resguardar o interesse coletivo e o patrimônio público evitando prejuízos maiores.[362]

Nos idos de 1951, Alfredo Buzaid já questionava se era coerente a manutenção do instituto da apelação *ex officio* no ordenamento processual civil brasileiro. O eminente processualista aventava que parte da doutrina sustentava que o mecanismo não deveria ser suprimido com o argumento de que os assuntos que englobassem interesses sociais relevantes ou os casos em que a Fazenda Pública restasse prejudicada deveriam ser submetidos à instância superior antes de serem exequíveis.[363]

---

[362] GIANESINI, Rita. A fazenda pública e o reexame necessário. In: NERY JUNIOR, Nelson; WAMBIER, Tereza Arruda Alvim (coord.). *Op. cit.*, 2001 p. 933.

[363] BUZAID, Alfredo. *Op. cit.*, 1951, p. 39.

A doutrina moderna diverge quanto à legitimidade e constitucionalidade do instituto do reexame necessário com base, principalmente, no princípio da isonomia e igualdade das partes. Entretanto, atualmente "é cediça a tese de que a isonomia não consiste no tratamento absolutamente igual, mas tratamento igual na medida da igualdade e desigual na medida da desigualdade".[364]

Portanto, nota-se que o critério definidor é o da igualdade substancial e não o da igualdade formal. As prerrogativas atribuídas à Fazenda Pública ocorrem "em obediência ao princípio da igualdade real e proporcional, que impõem tratamento desigual aos desiguais, a fim de se atingir a igualdade substancial".[365]

Para Flávio Jorge Cheim, Fredie Didier Jr. e Marcelo Abelha Rodrigues,[366] até mais que uma mera condição de eficácia da sentença, é uma garantia da Fazenda Pública de dupla análise pelo tribunal, das sentenças contra ele proferidas. Em realidade é a demonstração de que o Estado e os demais litigantes não se encontram em igualdade de condições. Celso Antônio Bandeira de Mello justifica tal desequilíbrio quando revela o conteúdo do que chama de *regime jurídico-administrativo*,[367] pois o particular defende interesse próprio e a administração tutela interesses da coletividade. Confere-se, portanto, por meio de um novo exame, para a Fazenda Pública, ao menos em tese, maior segurança de correção na decisão.[368]

A remessa necessária visa à relevância dos bens jurídicos em disputa. Assim, a derrota do poder público não seria apenas a vitória do particular, mas a derrocada de um ente que tem perfil singular, que representa a coletividade.[369]

---

[364] MOREIRA, José Carlos Barbosa. *Op. cit.*, 2007, p. 203.

[365] Porém a referida autora considera excessivo o favorecimento da Fazenda no sistema do Código de 1973 e inclui a revisão obrigatória das sentenças contrárias àquela entre os excessos condenáveis. (GRINOVER, Ada Pelegrini. *Os princípios constitucionais e o processo civil*. São Paulo: José Bushatsky, 1975, p. 42).

[366] CHEIM, Flávio Jorge; DIDIER JR, Fredie; RODRIGUES, Marcelo Abelha. *Op. cit.*, 2003, p. 122.

[367] BANDEIRA DE MELLO, Celso Antônio. *Op. cit.*, 2003, p. 60 e ss. São prerrogativas cabíveis ao Estado, por vezes encontradas em juízo, como prerrogativa processual (como é o caso), por vezes fora dele.

[368] CHEIM, Flávio Jorge; DIDIER JR, Fredie; RODRIGUES, Marcelo Abelha. *Op. cit.*, 2003, p. 122.

[369] PEREIRA, Hélio do Valle. *Op. cit.*, 2006, p. 136.

Juarez Rogério Félix a esse respeito assevera:

O privilégio beneficia a sociedade e não o Estado, que é ente ético sem existência corpórea, muito menos na primeira pessoa, já que é administrado por terceiros, seus representantes. É um equívoco querer ver no estado o beneficiário, na primeira pessoa, como ente real, das disposições legais que, na verdade, destinam sua força cogente à proteção do patrimônio público, que é comum a todos do povo.[370]

Ademais, conforme salienta Barbosa Moreira, "a rigor não se deveria falar em inconstitucionalidade, mas em revogação dos indigitados incisos do art. 475 pela Carta de 1988".[371] O jurista fundamenta tal afirmação no fato de que a Constituição anterior ao diploma processual de 1973, de 1969, também consagrava o princípio da isonomia (art. 153, § 1º) e, portanto, o vício seria originário. Além de que, a questão teria cunho absolutamente acadêmico, uma vez que os tribunais brasileiros têm aplicado o reexame necessário.

Conforme Jorge Tosta, a finalidade da norma prevista no reexame necessário tem amparo constitucional que, em diversos dispositivos[372] tutela o patrimônio público de modo diferenciado. A proteção do patrimônio estatal é condição para o pleno desenvolvimento das suas atividades essenciais e a dilapidação de tal patrimônio põe em risco a organização do Estado. Sob esses fundamentos, segundo Jorge Tosta, no campo jurídico,

[...] o processo, como instrumento de concreção da vontade da lei material, também deve criar normas que permitam tutelar esse patrimônio. É exatamente o que

---

[370] FÉLIX, Juarez Rogério. O Duplo Grau de Jurisdição Obrigatório. In: NERY JUNIOR, Nelson; WAMBIER, Tereza Arruda Alvim (coord.). *Op. cit.*, 1999, p. 421.

[371] MOREIRA, José Carlos Barbosa. *Op. cit.*, 2007, p. 204.

[372] "Art. 23. É competência comum da União, dos Estados, do Distrito Federal e dos Municípios: I – zelar pela guarda da Constituição, das leis e das instituições democráticas e conservar o patrimônio público; Art. 37. A administração pública direta e indireta de qualquer dos Poderes da União, dos Estados, do Distrito Federal e dos Municípios obedecerá aos princípios de legalidade, impessoalidade, moralidade, publicidade e eficiência e, também, ao seguinte: XXI – ressalvados os casos especificados na legislação, as obras, serviços, compras e alienações serão contratados mediante processo de licitação pública que assegure igualdade de condições a todos os concorrentes, com cláusulas que estabeleçam obrigações de pagamento, mantidas as condições efetivas da proposta, nos termos da lei, o qual somente permitirá as exigências de qualificação técnica e econômica indispensáveis à garantia do cumprimento das obrigações. Art. 100. À exceção dos créditos de natureza alimentícia, os pagamentos devidos pela Fazenda Federal, Estadual ou Municipal, em virtude de sentença judiciária, far-se-ão exclusivamente na ordem cronológica de apresentação dos precatórios e à conta dos créditos respectivos, proibida a designação de casos ou de pessoas nas dotações orçamentárias e nos créditos adicionais abertos para este fim.

acontece no reexame necessário: através dele se pretende o aperfeiçoamento da manifestação judicial, por meio da reapreciação da causa por outro órgão judicial hierarquicamente superior, a fim de afastar ou, ao menos, reduzir eventuais riscos ao patrimônio público.[373]

Assim, o instituto do reexame necessário, bem como a desigualdade de tratamento entre o ente público e o particular se justificaria na medida em que se buscaria a proteção dos interesses coletivos e do patrimônio público. Nesse sentido é a ideia de Hélio do Valle Pereira, para quem

> [...] entre as vontades pessoais dos litigantes e a conveniência de maior meditação sobre a causa deve preponderar o segundo valor. Nada há de irracional nessa conclusão nem se ofende o princípio constitucional. Não há, em consequência, fraude à isonomia. O fator que levou à distinção é justificável.[374]

Ainda nessa linha, argumenta Márcio André Monteiro Gaia que "a razão de ser da remessa necessária ainda subsiste no ordenamento jurídico ante a preservação primária do interesse público". O autor acrescenta que "agindo nessa direção, corrobora-se o objetivo de preservar o interesse público no âmbito de um regime democrático, onde é incomensurável a presença da Fazenda nas causas judiciais".[375]

Dessa forma, não há que se falar em ofensa ao princípio da igualdade, pois, respeitado na sua dimensão formal e material, justificado pelas diferenças substanciais entre os interesses do Estado e dos particulares.[376]

Barbosa Moreira apresenta-se como um dos grandes defensores do reexame necessário, sustentando que, no caso, o princípio da isonomia está sendo aplicado de forma correta. Segundo o autor,

> [...] a Fazenda não é um litigante qualquer. Não pode ser tratada como tal; nem assim a tratam outros ordenamentos jurídicos, mesmo no chamado Primeiro Mundo.

---

[373] "O particular, ao se conformar com uma sentença desfavorável, dela deixando de recorrer, está apenas exercendo um direito inerente à sua natureza de disponibilidade. O Procurador da Fazenda, contudo, ao não recorrer de uma sentença desfavorável, potencializa o risco ao patrimônio público, que a todos pertence e por isso mesmo não pode ser tratado como um bem disponível" (TOSTA, Jorge. *Op. cit.*, 2005, p. 136-137).

[374] PEREIRA, Hélio do Valle. *Op. cit.* 2006, p. 136.

[375] GAIA, Márcio André Monteiro. O Reexame Necessário no Mandado de Segurança e as Alterações do Código de Processo Civil (Lei nº 10.352/01): Comentários ao REsp 604.050-SP. *Revista Dialética de Direito Processual*, nº 38, p. 89-90, mai. 2006.

[376] TOSTA, Jorge. *Op. cit.*, 2005, p. 142.

O interesse público, justamente por ser público – ou seja, da coletividade como um todo – é merecedor de proteção especial, num Estado democrático não menos que alhures.[377]

Portanto, fica claro que, o argumento de que o reexame necessário deve ser banido do sistema leva em consideração apenas o critério da igualdade formal, não observando as necessárias diferenças entre os interesses que o Estado representa e os interesses particulares. Assim evidencia Jorge Tosta:

> Os que propugnam pela extinção do reexame necessário, certamente seduzidos pelas teorias inerentes ao Estado liberal absenteísta, vislumbram sua ilegitimidade apenas sob o enfoque da igualdade formal, esquecendo-se das desigualdades reais entre os interesses ou valores que o Estado representa ou deseja preservar e os interesses particulares.[378]

Ainda cabe trazer o entendimento de Sérgio Gilberto Porto e Daniel Ustárroz sobre a questão:

> Recursos que seriam dirigidos para a satisfação das prioridades constitucionalmente estabelecidas (educação, saúde, transporte, segurança, etc.), por força da limitação do orçamento, suportam as condenações, devidas ou não, do Poder Público. Tal fenômeno, portanto, merece especial atenção do direito.[379]

Quanto ao argumento contrário ao reexame necessário de que as legislações processuais civis europeias não preveem o instituto, Barbosa Moreira rechaça tal afirmação aduzindo que um instituto não pode ser condenado por não ser adotado nas legislações europeias, pois, do contrário, também existiria razão para expurgar do sistema jurídico brasileiro, por exemplo, o mandado de segurança, sem correspondente exato em nenhuma delas.[380]

Além de que, como antes tratado no tópico referente à origem histórica, a inexistência de figura análoga à do art. 475, do CPC pátrio nas leis processuais europeias não determina que aqueles ordenamentos deem ao poder Público tratamento igual ao de qualquer outro litigante.

Da mesma forma, em defesa da remessa necessária, Barbosa Moreira articula que:

---

[377] MOREIRA, José Carlos Barbosa. *Op. cit.*, 2007, p. 209.

[378] TOSTA, Jorge. *Op. cit.*, 2005, p. 142.

[379] PORTO, Sérgio Gilberto. *Op. cit.*, 2008, p. 259.

[380] MOREIRA, José Carlos Barbosa. *Op. cit.*, 2007, p. 204.

[...] se os interesses da fazenda são ou não suficientemente defendidos em juízo pelos procuradores das entidades públicas é questão sobre a qual só seria lícito enunciar proposição categórica à vista de dados estatísticos, que não existem".[381]

Se o argumento de que os procuradores, na maioria das vezes, apelam então os tribunais terão que reexaminar a causa de qualquer maneira, independente da regra do art. 475, do CPC. Portanto, não pode ser utilizada, simultaneamente, os dois argumentos, sob pena de contradição. É o que acontece, salvo engano, com as afirmações conclusivas de Buzaid.[382]

José Frederico Marques também se posiciona em defesa da remessa oficial sob perspectiva diferenciada

[...] instrumento eficaz para evitar conluios pouco decentes entre juízes fracos e indignos desse nome e funcionários relapsos da administração pública. E, ainda, meio e modo para suprir a ação, nem sempre eficaz e enérgica do Ministério Público, em processos em que está afeta a tutela ativa e militante de interesses indisponíveis.[383]

Alcides de Mendonça Lima segue essa linha apresentando razões favoráveis ao instituto em análise ao entender que:

[...] o duplo grau de jurisdição, nos casos estritos e reduzidos da legislação brasileira (como o era no extinto recurso *ex officio*), ainda é uma providência louvável em face dos altos interesses sociais que pretende resguardar.[384]

Luiz Manoel Gomes Júnior promove ponderação importante quanto à supremacia do benefício da manutenção do reexame necessário sobre eventual malefício, senão vejamos:

Com a devida vênia não vamos tão longe nas críticas ao instituto da remessa obrigatória, apesar de que o mesmo não impediu uma série de fraudes contra a Administração Pública. As condenações milionárias relacionadas ao direito ambiental e disputas envolvendo a propriedade de terras estatais são noticiadas a todo tempo

---

[381] MOREIRA, José Carlos Barbosa. *Op. cit.* 2007, p. 209.

[382] Em sede de conclusão, Alfredo Buzaid elenca dois argumentos contraditórios entre si, a saber: [...] b) não é uma providência necessária para a tutela da ordem pública, que atualmente defendida pelo Ministério Público e pelos representantes da Fazenda; [...] d) a supressão da apelação necessária vem aliviar grandemente o volume de serviço que assoberba inutilmente a instância superior (BUZAID, Alfredo. *Op. cit.* 1951, p. 57).

[383] FREDERICO MARQUES, José. *Instituições de direito processual civil*. 3. ed. Rio de Janeiro: Forense, 1969. v.4, p. 282.

[384] MENDONÇA LIMA, Alcides de. *Introdução aos recursos cíveis*. 2. ed. São Paulo: Revista dos Tribunais, 1976, p. 191-192.

na imprensa. A nosso ver, se está ruim com a remessa obrigatória, certamente estaríamos pior sem ela.[385]

Portanto, analisando tais argumentos, a conclusão mais coerente e equilibrada aponta no sentido de que a supressão pura e simples do instituto consistiria em providência que acarretaria exposição do patrimônio e interesses públicos a prejuízos e injustiças. Assim, o mais ponderado seria impor restrições, como as promovidas pela Lei nº 10.352/01, no sentido de se compatibilizar o mecanismo com a realidade atual e a necessidade de maior celeridade processual.

Contudo, tais limitações devem ser justificadas no plano da proporcionalidade e razoabilidade.[386]

No caso específico do reexame necessário, não há excessos nem desproporção entre o tratamento normativo desigual e o escopo da norma, que é a defesa do interesse público ou dos valores reconhecidos por lei como relevantes. Assim, a cogência do duplo grau de jurisdição obrigatório configura-se em medida processual estritamente necessária e proporcional à tutela dos interesses coletivos.[387]

6.2. Razões contrárias à manutenção do reexame necessário no Direito Processual Civil brasileiro

O instituto da remessa necessária gera bastante antipatia quando se trata do direito processual público.[388] Isso porque parte

---

[385] GOMES JÚNIOR, Luiz Manoel. *Ação popular – aspectos polêmicos*. Rio de Janeiro: Forense, 2001, p. 147.

[386] Os princípios da proporcionalidade e razoabilidade realmente possuem uma relação muito estreita na medida em que complementam um ao outro. Ambos aduzem à ideia de justiça, apresentando conformidade com a nova realidade que surgiu com o pós-positivismo jurídico, isto é, a necessidade de que as decisões não mais busquem somente a legalidade estrita, mas que procurem atender a outros valores que levem a uma decisão justa e razoável.

[387] TOSTA, Jorge. *Op. cit.* 2005, p. 140.

[388] De acordo com tal ideia, Eládio Torret Rocha afirma que: "ainda que reconhecidamente de proa voltada para a atualidade e efetividade da jurisdição e, via de consequência, para um presente e futuro menos sombrio do que aquele que se descortina no horizonte do Poder Judiciário, a nau do Movimento Reformista, em tema de reexame necessário, deixou-se atada às amarras do passado, perdendo, por isso mesmo, a oportunidade de banir do Código

da doutrina entende que há exagerada desconfiança nos juízes de primeiro grau, privilegiando-se desnecessariamente as instâncias recursais.[389] Tal recorribilidade se dá em função do dogma do duplo grau de jurisdição[390] e se constitui em decorrência constitucional.[391] Contudo, como bem acentuou José Frederico Marques, "trata-se, porém, de postulado não consagrado constitucionalmente, pelo que o legislador ordinário poderá derrogá-lo em hipóteses especiais".[392]

Porém, como bem ressalta José Maria Rosa Tesheiner "admita-se ou não a consagração constitucional do princípio do duplo grau de jurisdição, certo é que o controle hierárquico das decisões de juízes de primeiro grau apresenta-se, entre nós, como um fato, assim como entre os povos cultos".[393] O jurista ainda ressalta que não há demonstração de que o segundo grau ofereça maior coeficiente de certeza e de justiça.[394]

Acerca do princípio do duplo grau de jurisdição, analisa Emilio Betti:

Il principio del doppio grado di giurisdizione significa Che ogni causa può essere conosciuta da due giudici successivamnete, in quanto, col diritto d'appello, è concesso ad ogni soccombente il potere di ottenere da um altro giudice uma seconda decisione sullo stesso oggetto. La giustificazione di questa duplicitá di giudizio é della prevalenza data allá seconda decisione non deve tanto cervasi, come un tempo, nella subordinazione del primo giudice AL decondo, quantunque ancor oggi

---

de Processo Civil esta prática que em nada merece o estágio de excelência que a legislação processual brasileira busca alcançar". (ROCHA, Eládio Torret. *Sistema recursal ordinário & a reforma do código de processo civil.* Curitiba: Juruá, 2004, p. 126).

[389] SILVA, Ovídio A. Baptista da. Decisões Interlocutórias e Sentenças Liminares. *Sentença e coisa julgada.* 3. ed. Porto Alegre, 1995, p. 299.

[390] Em "Duplo grau – A retórica de um dogma, Laércio Becker apresenta os argumentos da doutrina pró e contra a existência de recursos (BECKER, Laércio. Duplo grau – A retórica de um dogma. In: MARINONI, Luiz Guilherme. *Estudos de direito processual civil – homenagem ao professor Egas Dirceu Moniz de Aragão.* São Paulo: Revista dos Tribunais, 2005, p. 142-151).

[391] PEREIRA, Hélio do Valle. *Op. cit.* 2006, p. 135.

[392] MARQUES, José Frederico. *Manual de direito processual civil.* São Paulo: Saraiva, 1976, v. I, p. 76.

[393] TESHEINER, José Maria Rosa. Em Tempo de Reformas – O Reexame das Decisões Judiciais. In: FABRÍCIO, Adroaldo Furtado (*et al.*) (coord.) *Meios de impugnação ao julgado civil: estudos em homenagem a José Carlos Barbosa Moreira.* Rio de Janeiro: Forense, 2007, p. 391.

[394] Ibidem, p. 393.

per evidente ragione di convenienza II giudice d'appello sai sempre superiore nella scala gerarchica a quello che há pronunziato la sentenza appellata.[395]

Hélio do Valle Pereira acrescenta que o reexame necessário seria consequência do descaso com a decisão singular (presumivelmente equivocada) e da homenagem ao indispensável prolongamento do processo. Além disso, afirma o autor que "ofende-se, ainda, o serviço de assessoramento processual estatal, entendendo-se que está ele jungido a atuação relapsa, fadado a desprezar a utilização de recursos ou, quando menos, a perder prazos".[396]

Paulo Afonso Brum Vaz pondera sobre o fato de o reexame necessário contribuir para a morosidade da prestação jurisdicional:

> O nosso entendimento é de que o reexame necessário deveria ser extinto de nosso sistema processual, por representar motivo de atraso na entrega da prestação jurisdicional. Embora freqüentes os casos em que o reexame proporciona a reforma da sentença proferida, pensamos que a tutela dos direitos, disponíveis e indisponíveis, incumbe àqueles a quem a lei titulariza e não ao Poder Judiciário.[397]

O argumento contrário ao reexame necessário mais robusto é o da possível violação ao princípio constitucional da isonomia (art. 5º, *caput*, CF/88). Sérgio Porto e Daniel Ustárroz formulam o seguinte questionamento:

> Ora, se o postulado isonômico requer igual atenção dos órgãos públicos aos cidadãos, evitando-se com isso privilégios injustificáveis, como sustentar a exigência do reexame das sentenças proferidas contra o Poder Público e, o que é pior, a impossibilidade do novo julgamento agravar a condenação imposta ao ente, ainda quando detectada a errônea aplicação do direito em prejuízo do jurisdicionado?[398]

Os autores ainda destacam a possibilidade de risco de o Estado livrar-se de uma condenação legítima e o alto custo do processo, no aspecto pecuniário e temporal para o jurisdicionado que precisa aguardar o reexame. Tal espera, quando não frustra a satisfação do jurisdicionado, ao menos a reduz e, assim, impede a justa e constitucional expectativa de receber adequada e tempestiva tutela jurisdicional.[399]

---

[395] BETTI, Emilio. *Diritto processuale civile italiano*. 11. ed. Roma: Società Editrice Del Foro Italiano, 1936, p. 665-666.

[396] PEREIRA, Hélio do Valle. *Op. cit.*, 2006, p. 136.

[397] VAZ, Paulo Afonso Brum. *Op. cit.*, 2004, p. 75.

[398] PORTO, Sérgio Gilberto. *Op. cit.*, 2008, p. 261.

[399] Idem.

Rui Portanova é peremptório ao elencar razões para comprovar a não justificação da remessa oficial em nosso ordenamento processual civil:

> Parece induvidoso, nos dias atuais, que o duplo grau obrigatório é demasia. Na medida em que privilegiou uma parte, afronta o princípio informativo jurídico da igualdade. Contando o Estado com cada vez melhores advogados e o Ministério Público se fazendo cada vez mais atuante e prestigiado, há uma afronta ao princípio da economia processual. Diante disso, não há razão para subtrair ao julgador e aos advogados a confiança em suas condutas".[400]

Todavia, é a lesão ao princípio constitucional da igualdade que é considerado o grande argumento que desvalida o instituto do reexame necessário para a doutrina, como também pode ser percebido na análise formulada por Cristiane Flores Rolin:

> O que não pode ocorrer é a presunção de erro do julgado apenas quando vencida a Fazenda Pública, de sorte que o veredicto do juiz será confiável e produzirá efeitos quando vencido o particular e não será confiável e produzirá efeitos quando vencida for a Fazenda Pública. Cristalina é a contradição da norma processual, que impõe forte discriminação ao particular.[401]

A prestação jurisdicional fica, efetivamente, comprometida com o tratamento diferenciado que a lei concede à Fazenda Pública, não sendo menos notórias as dificuldades enfrentadas por todos aqueles que litigam contra o Estado.[402] Conforme Nelson Nery, o reexame necessário afigura-se inconstitucional, por ofender o dogma constitucional da isonomia.[403]

Há ainda quem entenda que o reexame necessário também lesaria, de forma latente, os princípios da celeridade e economia processuais, e, sendo o primeiro uma garantia constitucional, não

---

[400] PORTANOVA, Rui. *Op. cit.* 2003, p. 269. No mesmo sentido: CHEIM, Flávio Jorge; DIDIER JR, Fredie; RODRIGUES, Marcelo Abelha. *Op.cit.,* 2003, p. 262.

[401] ROLIN, Cristiane Flores Soares. A Garantia da igualdade das partes frente ao interesse público. In: PORTO, Sérgio Gilberto (coord.). *As garantias do cidadão no processo civil.* Porto Alegre: Livraria do Advogado, 2003, p. 74.

[402] CHEIM, Flávio Jorge; DIDIER JR, Fredie; RODRIGUES, Marcelo Abelha. *Op. cit.,* 2003, p. 127.

[403] NERY JÚNIOR, Nelson. *Princípios do processo civil na Constituição Federal.* 8. ed. São Paulo: Revista dos Tribunais, 2004 (Coleção Estudos de Direito de Processo Enrico Túlio Liebman, v. 21), p. 95.

há como fugir do reconhecimento da inconstitucionalidade do instituto por violação direta ao art. 5º, inciso LXXVIII, da CF/88.[404]

No sentir de Ana Marcato,[405] perdeu o legislador mais uma oportunidade de eliminação ou ao menos de aperfeiçoamento do reexame necessário,[406] afastando, por exemplo, a proibição da *reformatio in pejus* contra o Poder Público.

É também nessa direção o entendimento de Sérgio Gilberto Porto e Daniel Ustárroz que ponderam que o enunciado nº 45 do STJ ("No reexame necessário, é defeso, ao Tribunal, agravar a condenação imposta à Fazenda Pública") é correto à luz do princípio da não *reformatio in pejus*. Porém, feriria a garantia constitucional da isonomia. Os autores ainda criticam que, no mínimo, seria o caso de se repensar a aplicação de um princípio de cunho nitidamente recursal no reexame necessário.[407]

Ainda no intuito de apresentar argumentos contrários à remessa necessária, Maira Terra Lauar assevera que a sistemática confusa e cheia de meandros do instituto determina o congestionamento e morosidade na resposta da justiça à demanda judicial.[408] A autora se posiciona de forma totalmente contrária à manutenção do instituto, justamente por considerá-lo um privilégio desmedido conferido à Fazenda Pública. Além de grande parte das causas julgadas contra a Fazenda ser reapreciada pela instância superior, a condenação a ela imposta não pode ser agravada, por força da Súmula nº 45 do STJ.[409]

Relativamente a tal ponto, é importante destacar a recente decisão proferida no Recurso Especial nº 904.885-SP (DOU, 9.12.08),[410] pela relatora, Ministra Eliana Calmon, no sentido de não admitir recurso especial de acórdão proferido em remessa necessária. Ao

---

[404] MAIA, Renato Vasconcelos. Inconstitucionalidade do reexame necessário face aos princípios da isonomia e da celeridade processual. *Revista da ESMAPE*, n. 1, p. 276, 1996.

[405] MARCATO, Ana Cândida Menezes. *O princípio do duplo grau de jurisdição e a reforma do código de processo civil*. São Paulo: Atlas, 2006, p. 145.

[406] É no mesmo sentido o entendimento de Paulo Henrique Moura Leite (LEITE, Paulo Henrique Moura. *Op. cit.* 2002, p. 33).

[407] PORTO, Sérgio Gilberto. *Op. cit.*, 2008, p. 261.

[408] LAUAR, Maira Terra. *Op. cit.*, 2008, p. 494.

[409] Idem.

[410] Recurso Especial nº 904.885-SP, Rel. Min. Eliana Calmon, Primeira Seção, data do julgamento 12.11.2008, DJe 09.12.08.

fundamentar o seu voto, a relatora salienta que incumbe ao STJ harmonizar a aplicação dos institutos processuais criados em benefício da Fazenda Pública, de que é exemplo o reexame necessário, com os demais valores constitucionalmente protegidos, como é o caso do efetivo acesso à Justiça. Em função disso, e também da impossibilidade de agravamento da condenação imposta à Fazenda Pública, nos termos da Súmula 45 do STJ, seria incoerente e de constitucionalidade duvidosa a permissão de que os entes públicos rediscutam os fundamentos da sentença não impugnada no momento processual oportuno, por intermédio da interposição de recurso especial contra o acórdão que a manteve em sede de reexame necessário, devendo ser prestigiada a preclusão lógica ocorrida na espécie.

O julgado ainda rechaça o argumento de que o reexame necessário é eficaz para coibir fraudes e conluios dos procuradores do Poder Executivo que não impugnam a sentença no momento processual oportuno (1º grau de jurisdição), alegando que tal argumento não afasta a indispensável busca pela efetividade da tutela jurisdicional, que envolve maior interesse público e não se confunde com o interesse puramente patrimonial da União, dos Estados, do Distrito Federal e de suas respectivas autarquias e fundações.

Apresentando posicionamento ferrenho contra a manutenção do instituto no sistema, articula Leon Frejda Szklarowsky:

> Teria sido dado mais um grande passo para a desburocratização e alívio da justiça se o legislador houvesse suprimido de vez esse artigo, pelas razões já expendidas, com apoio na melhor doutrina. Não há meio termo, quando a meta é simplificar o processo e desatar, de vez, esse emaranhado kafkaniano, que é o processo civil brasileiro, verdadeiro labirinto.[411]

Também nessa esteira de entendimento, tem-se a ideia de Walter Borges Carneiro:

> Lamentavelmente, sua voz não encontrou o eco e os privilégios fazendários foram inseridos no Código apesar de estarem em flagrante conflito com o princípio da isonomia. Mas, na situação atual, onde se respira os ares de um Estado de Direito Democrático, os juízes devem ter presente que as regras assecuratórias de vantagens à Fazenda Pública – em menosprezo ao outro sujeito da relação processual- estão a merecer cuidados redobrados no momento de serem interpretados, a fim

---

[411] SZKLAROWSKY, Leon Frejda. Recursos e reexame necessário. *Revista Jurídica Consulex*, n. 121, p. 15/16, 31 jan. 2002.

de ser estabelecida uma harmonia entre o que a lei realmente disciplinou e a sua aplicação.[412]

Ainda no desiderato de demonstrar o malefício do reexame das decisões judiciais de primeiro grau, José Maria Rosa Tesheiner pondera que a confirmação de uma sentença justa constitui uma inutilidade. Entretanto, considera que é necessário analisar o universo das decisões de primeiro grau e, se fosse rara a prolação de sentença injusta, o reexame poderia ser dispensado, porém não é o que ocorre.[413]

Em sentido contrário, Arruda Alvim demonstra a importância da possibilidade de revisão das decisões judiciais:

1º) na possibilidade de erros nas decisões judiciárias;
2º) no interesse correlato do Estado na realização correta dos direitos subjetivo e objetivo materiais e do próprio direito processual, no campo do processo e cuja observância exata é, muitas vezes, condição normal do acerto na aplicação do direito objetivo material, possibilitada sempre nas hipóteses de erro grave (processual e material), a correção respectiva pelos órgãos de segundo grau, ou mesmo pelo próprio juízo prolator da decisão, dos possíveis erros cometidos no julgamento.[414]

Nesse mesmo sentido, Athos Gusmão Carneiro explica que "o natural desejo do vencido em ver suas pretensões objeto de uma segunda e possivelmente mais acurada apreciação, que inclusive poderá proporcionar maior aceitação social da decisão reexaminada".[415]

Contudo, assevera Araken de Assis que "a ampla impugnabilidade dos pronunciamentos, impondo intolerável elastério ao processo em nome do valor justiça, constitui um desserviço à função apaziguadora inerente ao mecanismo".[416]

---

[412] CARNEIRO, Walter Borges. Privilégios fazendários – distorções no sentido da lei. *Revista Ajuris*, Porto Alegre, n. 19, p. 180, jul 1980.

[413] TESHEINER, José Maria Rosa. *Op. cit.*, 2007, p. 392.

[414] ALVIM, Arruda. Anotações sobre a teoria geral dos recursos. In: WAMBIER, Teresa Arruda Alvim; NERY JR., Nelson (coord.) *Aspectos polêmicos e atuais dos recursos cíveis de acordo com a lei nº 9.756/98*. São Paulo: Revista dos Tribunais, 1999, p. 82.

[415] CARNEIRO, Athos Gusmão. Do recurso especial e seus pressupostos de admissibilidade. *Revista da Ajuris*. Porto Alegre, v. 66, p. 40, mar. 1996.

[416] ASSIS, Araken de. Condições de admisibilidade dos recursos cíveis. In: WAMBIER, Teresa Arruda Alvim; NERY JR., Nelson (coord.) *Aspectos polêmicos e atuais dos recursos cíveis de acordo com a lei nº 9.756/98*. São Paulo: Revista dos Tribunais, 1999, p. 12.

Considerando as características e peculiaridades do instituto na Argentina, Juan Carlos Hitters sustenta que a figura em análise carece de razão de ser, considerando por um lado a intervenção efetiva e eficaz do magistrado ante quem se promove a ação e pelas amplas possibilidades recursais dos interessados, sem perder de vista a relativização da coisa julgada que surge neste tipo de questão judicial (interdição).[417]

6.3. Ponderação entre os argumentos favoráveis e desfavoráveis ao reexame necessário

Assim, percebe-se que há uma divisão na doutrina quanto à validade e coerência da manutenção do instituto do reexame necessário em nosso sistema processual civil.

O atual panorama evidencia um verdadeiro paradoxo, pois se trata da manutenção do reexame necessário justamente em prol do Estado, que sabidamente é o maior demandado do Poder Judiciário.

Aliás, é importante que se destaque que a Fazenda Pública representa a maior ré do Poder Judiciário e não a maior usuária como afirmam alguns. Isso porque usuário ou "cliente" é aquele que se beneficia com a utilização de determinado serviço (o autor) e, no caso, o instituto foi criado justamente com o escopo de proteger quem é mais demandado (réu). Portanto, é correto se afirmar que a Fazenda é a maior demandada do Poder Judiciário e não a maior usuária.

Relativamente a tal questão, Jorge Tosta apresenta levantamento estatístico realizado no Estado de São Paulo. O autor refere que 70% das causas que estão em trâmite em primeira instância, incluídas as execuções fiscais, e 65% em segunda, são de interesse das Fazendas Públicas e suas autarquias ou fundações.[418]

Analisando tal realidade, Jorge Tosta sustenta que seria contraditório defender a permanência do dispositivo em função do cenário atual que o Judiciário enfrenta, assoberbado de causas e cada vez mais moroso. Contudo, o autor refere-se ao Estado como maior

---

[417] HITTERS, Juan Carlos. *Op. cit.*, 2004, p. 558.

[418] Dados obtidos junto à Corregedoria Geral da Justiça de São Paulo (Comunicado CG 412/2004) e ao DEPRO/TJSP – Diretoria de Estatística. Dos feitos em trâmite em primeira instância, 67% são execuções fiscais (TOSTA, Jorge. *Op. cit.*, 2005, p. 144).

"cliente" do Poder Judiciário, o que não representa a realidade, conforme mencionado.[419]

Alguns argumentam no sentido de que insistir na permanência do instituto seria o mesmo que eternizar um erro que traz prejuízos e mazelas à sociedade, haja vista a lentidão na prestação da tutela jurisdicional por parte do Poder Público,[420] o que se consubstancia em entrave ao pleno e efetivo acesso à justiça.[421] Mas o indício negativo mais relevante aventado por essa facção da doutrina ainda encontra-se na possível violação ao princípio constitucional da isonomia positivado no art. 5º da CF/88.[422]

A solução para conciliar a proteção ao patrimônio público e a desobstrução do Judiciário, na doutrina de Jorge Tosta, seria a extinção do reexame necessário com a criação da obrigatoriedade de intervenção do Ministério Público quando este verificasse a existência de *error in judicando* e *error in procedendo* contra a Fazenda Pública, não tendo sido apresentado recurso pelo Procurador.[423]

Nesse caso, incumbiria ao Ministério Público analisar se houve algum erro na decisão que cause prejuízo ao erário, facultando-lhe a interposição da apelação, em caso positivo.[424]

---

[419] TOSTA, Jorge. *Op. cit.* 2005, p. 144.

[420] A respeito da coerência e verdadeira utilidade dos recursos, discorre Othmar Jaureing: "O significado da política do direito dos recursos consiste, antes de mais nada, na garantia reforçada da justeza da decisão. A admissão de recursos exerce sobre os tribunais inferiores uma pressão salutar que fundamentem cuidadosamente as decisões. Servem sobretudo a segurança duma jurisprudência unitária, quando os processos terminam no tribunal superior ou poucos atingem os tribunais superiores, enquanto a jurisprudência dos tribunais inferiores tem de permanecer no seu grande numero difusa e dispersa. O necessário desenvolvimento da ordem jurídica só é possível pela jurisprudência dos tribunais superiores, cujas decisões são publicadas e dotadas de uma especial autoridade "natural". Por isso, a utilização dos recursos não serve apenas o interesse da parte concreta, mas antes da jurisprudência no seu todo, especialmente expressa na revista.

Contudo, os recursos têm também inconvenientes: atrasam e encarem o processo. Disso são atingidas não apenas as partes, mas também o público em geral. O Estado deve ter em atenção que o dispêndio da intervenção judicial e as custas atinjam uma relação adequada à importância do litígio. Não se exigem que ponha à disposição várias instancias para bagatelas". (JAUREING, Othmar. *Direito processual civil.* 25. ed. totalmente refundida da obra criada por Frederich Lent. Tradução de F. Silveira Ramos. Coimbra: Almedina. 1998, p. 362).

[421] LAUAR, Maira Terra. *Op. cit.,* 2008, p. 494.

[422] PORTO, Sérgio Gilberto. *Op. cit.,* 2008, p. 260.

[423] TOSTA, Jorge. *Op. cit.,* 2005, p. 145.

[424] Idem.

A respeito de tal alternativa sugerida por Jorge Tosta, discorre Francisco Glauber Pessoa Alves:

Embora seja uma alternativa (e críticas sem soluções são vazias), não concebemos a Fazenda como hipossuficiente, principalmente a demandar tanta benevolência, muito menos que o papel institucional do Ministério Público frente à ordem constitucional vigente comporte tal atribuição, tendente ao paternalismo para com a deficiência na defesa jurídica estatal. E exatamente na busca da igualdade substancial, mencionada pelo autor, é que se faz cada vez menos justificável institutos processuais que confiram tratamento anódino a pessoas, como é o caso do duplo grau obrigatório.[425]

Em contrapartida, há a corrente que defende a preservação do instituto no ordenamento sob a alegação de que não há que se falar de inconstitucionalidade do dispositivo por infringir o princípio da isonomia, uma vez que, não sendo a Fazenda Pública um litigante qualquer ou semelhante ao particular, não pode ser tratada de forma igual. Ou seja, o critério definidor é o da igualdade substancial (tratamento desigual aos desiguais) e não o da igualdade formal.[426]

Além disso, há que se considerar que o interesse coletivo deve preponderar sobre o interesse privado, pois se deve evitar prejuízos maiores ao patrimônio público. Logo, a busca pela tão almejada celeridade do processo não pode justificar a pura e simples extinção do instituto do sistema.

Portanto, o mais correto e ponderado seria se buscar uma solução intermediária, estabelecendo-se restrições, como realizou a Lei nº 10.352/01, porém sempre respaldadas pela proporcionalidade e razoabilidade. Mas a supressão do instituto consistiria em grave erro que poderia acarretar prejuízos para toda a sociedade.[427]

---

[425] ALVES, Francisco Glauber Pessoa. *Op. cit.*, 2002, p. 121.

[426] MOREIRA, José Carlos Barbosa. *Op. cit.*, 2007, p. 203.

[427] Tal ideia está de acordo com o espírito das últimas reformas empreendidas a respeito do dispositivo: Os senadores aprovaram projeto que acaba com a obrigatoriedade do duplo grau de jurisdição em sentenças desfavoráveis à administração pública nas causas de até 500 salários mínimos. Originária da Câmara (PLC 6/05), a proposta revoga o artigo 475 do Código de Processo Civil (Lei nº 5.869/73) e, por ter sido acolhida com mudanças, retorna ao exame dos deputados. Emenda apresentada por Ideli Salvatti (PT-SC) e aprovada pelo relator, Pedro Simon (PMDB-RS), na votação da matéria pela Comissão de Constituição, Justiça e Cidadania (CCJ), definiu o teto de 500 salários mínimos para o fim dessa obrigatoriedade. Somente as sentenças contra a União, os Estados, o Distrito Federal, os Municípios, Autarquias e Fundações de Direito Público, além das sentenças em que julgarem procedentes – pelo menos em parte –, embargos à execução de dívida ativa da Fazenda Pública, com condenações superiores a 500 salários mínimos, serão obrigatoriamente remetidas para novo julgamento. O autor do projeto, deputado Maurício Rands (PT-PE), argumenta que o chamado duplo

Dessa forma, é preciso que se encontrem alternativas de se buscar a celeridade processual. Nesse sentido ponderou Araken de Assis:

> Avulta o fato de que nenhum juiz, independentemente da respectiva hierarquia, merece confiança ou, por suposto, acerta nas decisões. A única maneira de corrigir os defeitos do sistema recursal brasileiro, erradicando os sucedâneos e obtendo maior equilíbrio no tempo e energia gastos para formular a decisão correta, reside na mudança de mentalidade, substituindo a desconfiança latente no órgão judiciário por limites claros à impugnação dos provimentos.[428]

Portanto, a alternativa mais razoável aponta para um equilíbrio entre a necessária mudança ditada pelas dificuldades da realidade atual e a não menos imprescindível proteção aos interesses da coletividade e ao patrimônio público. É evidente que o sistema recursal reclama reformas e aperfeiçoamentos em busca da efetividade e celeridade do processo. Contudo, não é desejável que, para isso, desconsidere-se a necessária observância à segurança e proteção do interesse público.

Atualmente, as reformas focam-se acentuadamente na alteração ou supressão dos mecanismos recursais e do reexame já existentes no sistema, promovendo reformas periféricas que, muitas vezes, mais dificultam que facilitam o trâmite regular e justo do processo. Talvez fosse mais benéfica, para o fim a que tanto se almeja, uma mudança de paradigmas e conceitos, no sentido de se atribuir mais confiança às decisões judiciais de primeira instância, além de serem estabelecidas limitações e restrições, desde que coerentes e justificáveis, às possibilidades de impugnações de provimentos judiciais.

---

grau de jurisdição obrigatório retarda a eficácia das sentenças monocráticas, acumulando desnecessariamente processos nos tribunais. A proposta original, do deputado Maurício Rands (PT-PE), extinguia o duplo grau de jurisdição obrigatório. Porém, o relator do PLC na CCJ, o senador Pedro Simon (PMDB-RS), preferiu, ao invés de extinguir, limitar o alcance do duplo grau de instrução, acatando emenda nesse sentido apresentada pela senadora Ideli Salvatti (PT-SC). Dessa forma, ficou estabelecido o teto de 500 salários mínimos para o fim dessa obrigatoriedade. Disponível em: http://www.senado.gov.br/agencia/verNoticia. aspx?codNoticia=69984&codAplicativo=2. Acesso em 2 nov. 2008.

[428] ASSIS, Araken de. *Op. cit.*, 2007, p. 842.

Conclusão

Nesta obra, objetivou-se estudar e analisar o instituto do reexame necessário, buscando estabelecer uma relação de causa e efeito com a questão da efetividade e celeridade do processo. Ou seja, procurou-se, através da apreciação do dispositivo, trazer contribuição no sentido de se formular entendimento a respeito de sua razoabilidade, conveniência e justificação no atual contexto jurídico.

Com a perquirição dos antecedentes históricos, mostrou-se que a apelação *ex officio*, teve sua origem histórica no Direito Processual Civil português, com o escopo de funcionar como um contrapeso, a fim de minorar eventuais desvios e desmandos do processo inquisitório, cujas regras não se estenderam ao processo civil, o qual sempre esteve calcado no princípio dispositivo. Ainda procurou-se demonstrar suas bases e posterior evolução legislativa, a fim de se delinear de forma mais sólida questões atinentes à sua conformação atual.

A seguir, demonstrou-se que a remessa obrigatória possui dispositivos análogos no direito comparado, notadamente nos países da América Latina, onde recebeu a denominação *consulta*. Contudo, dos países da América Latina que preveem o instituto da consulta em seus códigos, apenas a Colômbia e Venezuela o admitem das sentenças proferidas contra a Fazenda Pública, pois o Código de Processo Civil argentino só o admite das sentenças que decretam a interdição, não prevendo hipótese de sentenças proferidas contra a Fazenda Pública. Também no direito estrangeiro o mecanismo não apresenta natureza recursal.

Após, enfrentou-se a questão mais controversa sobre o tema, qual seja: a da natureza jurídica da remessa obrigatória. A doutrina diverge quanto à classificação do instituto e, atrelada à sua concepção histórica, há corrente que lhe atribui feição recursal, a despeito da falta de requisitos essenciais inerentes aos recursos. Questões como a ocorrência do efeito devolutivo e substituto, além do seu cabimento nos embargos infringentes, acabam por aproximá-la da caracterização como espécie recursal. Contudo, a doutrina majoritária a considera condição de eficácia da sentença, em função de sua previsão no art. 475 do CPC e pelo fato de a sentença não surtir efeitos enquanto não for reapreciada pelo Tribunal superior. Porém, tal classificação merece crítica, pelo menos no que tange ao aspecto semântico, uma vez que ao falar-se em condição tem-se em mente evento futuro e incerto e não é o que ocorre no reexame necessário, o qual é certo e determinado por lei. Nesse desiderato, traz-se contribuição no sentido de considerar-se nomenclatura mais apropriada, a de fator de eficácia da sentença, no sentido de representar evento que contribui para o resultado de determinado ato ou fenômeno. No caso da remessa necessária, o fenômeno ocorre no plano da eficácia, haja vista que a sentença será existente e válida, porém ineficaz enquanto não confirmada pelo tribunal. Ainda se traz a lume classificações diversas ventiladas pela doutrina e jurisprudência, como a de quase-recurso e de ato complexo e composto.

No capítulo atinente ao cabimento, procurou-se demonstrar as hipóteses em que se faz necessário o manejo do reexame, de acordo com a nova configuração imposta pelas alterações e restrições impostas pela Lei nº 10.352/01. A referida lei institui as seguintes mudanças: 1) incorporou ao CPC a exigência de reexame necessário das sentenças proferidas contra as autarquias e fundações públicas, regra esta que se encontrava em lei extravagante (art. 10 da Lei nº 9.469/97); 2) eliminou a hipótese de reexame nas sentenças de anulação do casamento; 3) corrigiu o equívoco no inciso III (atual II), porquanto entendeu-se que era incorreta a referência à improcedência da execução da dívida ativa, consignando, na nova redação, a procedência dos embargos à execução fiscal (modo como se reconhece a improcedência da dívida ativa); 4) corrigiu impropriedade contida no § 1º, eliminando a expressão apelação voluntária, para aludir a apelação apenas (todo recurso é voluntário); 5) baniu a ideia de discricionariedade na avocação do processo nos casos em que não determinada a remessa ao tribunal *ad quem*, substituindo-se a expressão *poderá* por *deverá*, e 6) limitou a hipótese de reexame às condenações superiores a 60 salários mínimos e às matérias não sedimentadas na jurisprudência do STF e dos Tribunais Superiores. Ainda foram tratadas outras hipóteses de cabimento previstas no ordenamento jurídico e em leis extravagantes, além da questão do não cabimento da remessa obrigatória nas sentenças que não analisam o mérito ou meramente terminativas, salvo nas hipóteses em que for determinado algum prejuízo para a Fazenda Pública.

No ponto referente aos efeitos e procedimento do reexame necessário, tratou-se da incidência do efeito suspensivo, determinando que a sentença, enquanto não reexaminada pelo Tribunal, é inexequível e não produz seus efeitos. Todavia, tal regra comporta exceções, as quais dizem respeito aos casos previstos no art. 520, I a VII, do CPC, os quais admitem a execução provisória mesmo em face da Fazenda Pública, além da hipótese prevista no art. 12, parágrafo único da Lei n° 1.533/51. Ainda há outra hipótese, constante no art. 13, § 1° da Lei Complementar n° 76, de 1993, que dispõe sobre o procedimento contraditório especial, de rito sumário, para o processo de desapropriação de imóvel rural, por interesse social, para fins de reforma agrária e, ainda, o caso expresso no § 1° do art. 28 do Decreto-Lei 3.365/41, que dispõe sobre desapropriações por utilidade pública. Foram aventadas as ocorrências dos efeitos devolutivo, translativo, expansivo e substitutivo no reexame necessário. A questão da vedação da *reformatio in pejus* também foi analisada no tópico, mostrando sua ligação com o âmbito de translatividade do reexame necessário, o qual se limita à parte da sentença que prejudicou a Fazenda Pública, bem como a proibição de alteração negativa da decisão.

Quanto ao processamento da remessa oficial no órgão *ad quem*, verificou-se que a mesma segue o modelo já fixado para a apelação. Dentro de tal aspecto, constatou-se que a jurisprudência é dominante no sentido de admitir a aplicação do art. 557, do CPC, ao reexame necessário, apesar de a doutrina mostrar-se dividida. Ainda se abordou o cabimento dos embargos infringentes contra acórdão não unânime proferido no julgamento de reexame necessário. Existem duas correntes doutrinárias sobre a questão: aqueles que atribuem natureza recursal ao reexame necessário entendem pelo cabimento dos embargos infringentes e aqueles que não lhe atribuem tal natureza, entendem pelo descabimento. Há posição intermediária no sentido de que caberiam os embargos infringentes, no reexame necessário em razão da identidade de procedimento com a apelação. A jurisprudência também comporta os dois entendimentos, apesar de direcionar-se para o cabimento. Quanto à questão do conhecimento do agravo retido, demonstrou-se que fere o princípio da isonomia, principalmente para aqueles que admitem a ampla devolução, independentemente do resultado do julgamento e, se o reexame necessário só pode beneficiar a Fazenda Pública, conclui-se pelo não conhecimento do agravo retido. Porém, tal entendimento não é unânime na doutrina.

Ainda pretendeu-se uma análise da sistemática do reexame necessário considerando sua atual configuração legislativa, onde se apresenta possível a aplicação do § 3º do art. 515 do CPC, uma vez que inexiste regra específica determinando que, estando a causa em condições de julgamento, tenha que retornar ao juízo de primeiro grau para sofrer reexame necessário pela mesma câmara cível que já estava, anteriormente, preparada para julgar a causa. Após, tratou-se da possibilidade de concessão de medida antecipatória de tutela em face da Fazenda Pública, mostrando-se a doutrina controvertida a respeito, apresentando fortes argumentos que se abrem em duas vertentes relativamente a tal questão. Há parcela da doutrina que atenta para o fato de que aplicar interpretação extensiva do art. 475 do CPC, instituto que tem caráter excepcional e, *ipso facto*, deve ser interpretado de forma restritiva (o dispositivo prevê apenas sentença e não decisão interlocutória), viola o princípio da irrecorribilidade em separado das decisões interlocutórias. Contudo, outra facção da doutrina entende pela interpretação sistemática do ordenamento jurídico, admitindo-se a extensão da previsão do art. 475 do CPC às decisões interlocutórias.

Analisou-se também a questão do direito intertemporal a respeito do momento da aplicação concreta da Lei nº 10.352/01 no tocante ao reexame necessário, restando claro que nos recursos, a sentença marcará o prazo recursal, mas trata-se de direito da parte vencida recorrer, por sua vontade. No reexame necessário, diferentemente, aguardar-se-á a manifestação do órgão *ad quem*, sem a qual a sentença não produzirá efeitos integrais. Se no primeiro caso a lei nova não pode macular o direito, exercido pela vontade, então adquirido, no segundo não há direito adquirido a resguardar. A lei se aplica, portanto, de imediato.

Por fim, procedeu-se a uma ponderação sobre a razoabilidade e justificação da preservação da garantia da Fazenda no direito processual civil brasileiro, por meio da confrontação dos argumentos favoráveis e contrários a tal situação, firmando-se posicionamento pela conservação do instituto no sistema, preconizando-se um equilíbrio entre a necessária mudança ditada pelas dificuldades hodiernas e a não menos imprescindível proteção aos interesses da coletividade e ao patrimônio público. Sendo o objetivo do instituto do reexame necessário o resguardo do interesse público, o mesmo não pode sucumbir em face de eventual propósito de celeridade processual, haja vista a maior densidade axiológica de que é revestido o princípio da proteção do interesse público. Ademais, considerando-se que, no mais das vezes, a Fazenda Pública acaba recorrendo das sentenças contrárias a ela, a supressão da remessa necessária não traria muitos avanços em direção à celeridade em termos práticos. Sendo assim, é preciso que se perceba que o mecanismo não se constitui um dos protagonistas da problemática da morosidade processual, já que, ainda que o mesmo fosse banido, o problema persistiria e os interesses de ordem pública ficariam mais expostos e fragilizados, fato que causaria problemas ainda mais graves para o Judiciário e para a sociedade.

Referências

ALLORIO, Enrico. "Ensayo polémico sobre la 'jurisdicción' voluntaria". In: *Problemas de derecho*. Buenos Aires: Ejea, 1963. t. II.

———. "Sul doppio del processo civile". In: *Studi In: onore di Enrico Tullio Liebman*. Milano: Giufrè, 1979, v. III.

ALMEIDA COSTA, Mário Júlio de. "Fundamentos históricos do direito brasileiro". In: *Estudos de Direito Civil Brasileiro e Português* (I Jornada Luso- Brasileira de Direito Civil). São Paulo: Revista dos Tribunais, 1980.

ALVARO DE OLIVEIRA, Carlos Alberto. "Efetividade e Tutela Jurisdicional". In: *Revista Processo e Constituição* – Coleção Galeno Lacerda de Estudos de Direito Processual Constitucional. Porto Alegre: Faculdade de Direito, UFRGS, n. II, 2005.

———. "O processo civil na perspectiva dos direitos fundamentais". In: *Do formalismo no processo civil*. 2. ed. São Paulo: Saraiva, 2003.

———; LACERDA, Galeno. *Comentários ao Código de Processo Civil*. 6. ed. Rio de Janeiro: Forense, 2002, v. VIII, t. II.

ALVES, Francisco Glauber Pessoa. A Remessa Necessária e suas mudanças (Leis 10.259/2001 e 10.352/2001). *Revista de Processo*, n. 108, out./dez. 2002.

———. A Tutela antecipada em face da Fazenda Pública, seu perfil contemporânea (tendências jurisprudenciais) e a necessidade de uma hermenêutica que lhe atribua efetividade. *Revista de Processo*. n. 110, abril/jun. 2003, p. 45-46.

ALVIM, Arruda. Anotações sobre a teoria geral dos recursos. In: WAMBIER, Teresa Arruda Alvim; NERY JR., Nelson (coord.) *Aspectos polêmicos e atuais dos recursos cíveis de acordo com a lei nº 9.756/98*. São Paulo: Revista dos Tribunais, 1999.

———; NERY JÚNIOR, Nelson; WAMBIER, Teresa Arruda Alvim. *Aspectos polêmicos e atuais dos recursos*. São Paulo: Revista dos Tribunais, 2000, v. 5.

———. *Manual de direito processual civil*. 7. ed. São Paulo: RT, 2001, v. I-II.

ALVIM, Eduardo Pellegrini de Arruda. *Curso de direito processual civil*, v. I. São Paulo: Revista dos Tribunais, 1999.

AMARAL SANTOS, Moacyr. *Primeiras linhas de direito processual civil*. 4. ed. 4. tir. São Paulo: Max Limonad, 1973.

AMARAL, Jorge Augusto Pais de. *Direito processual civil*. 2. ed. Coimbra: Almedina, 2001.

AMERICANO, Jorge. *Comentários ao Código de Processo Civil do Brasil*. São Paulo: Saraiva, 1943.

————. *Comentários ao Código de Processo Civil do Brasil.* Arts. 808 a 1.052. 2. ed. São Paulo: Saraiva, 1960, v. 4.

AMORIM, Aderbal Torres de. *Recursos cíveis ordinários: apelação, agravos, embargos infringentes, embargos declaratórios, recurso ordinário constitucional.* Porto Alegre: Livraria do Advogado, 2005.

ANDRADE, Manuel A. Domingues de. *Teoria geral da relação jurídica.* Coimbra: Almedina, 1972, v. I.

ANDRADE, Odilon. *Comentários ao Código de Processo Civil.* Rio de Janeiro: Forense, 1946.

ARAÚJO JÚNIOR, Pedro Dias de. Aspectos cruciais na interpretação do reexame necessário após a reforma processual. *Revista da ESMESE,* Aracaju, n. 5, p. 148, 2003.

AROCA, Juan Montero; MATÍES, José Flores. *Tratado de recursos en el proceso civil.* Valencia: Tirant Lo Blanch, 2005.

ASSIS, Araken de. *Manual dos recursos.* São Paulo: Revista dos Tribunais, 2007.

————. Introdução aos sucedâneos recursais". In: NERY JUNIOR, Nelson; WAMBIER, Tereza Arruda Alvim (coord.). *Aspectos polêmicos e atuais dos recursos e de outros meios de impugnação às decisões judiciais.* São Paulo: RT, 2002, v. 6.

————. Condições de admisibilidade dos recursos cíveis. In: WAMBIER, Teresa Arruda Alvim; NERY JR., Nelson (coord.) *Aspectos polêmicos e atuais dos recursos cíveis de acordo com a lei nº 9.756/98.* São Paulo: Revista dos Tribunais, 1999, p. 12.

————. "Recorribilidade das interlocutórias no mandado de segurança". In: *Revista da Associação dos Juízes do Estado do Rio Grande do Sul,* nº 69, Porto Alegre, 1997.

————. Admissibilidade dos Embargos infringentes em reexame necessário. In: NERY JUNIOR, Nelson; WAMBIER, Tereza Arruda Alvim (coord.). *Aspectos polêmicos e atuais dos recursos cíveis e de outras formas de impugnação às decisões judiciais.* São Paulo: Revista dos Tribunais, 2001, v. 4, p. 114-139.

————. *Cumulação de ações.* 4.ed. São Paulo: Revista dos Tribunais, 2002.

————. *Doutrina e prática do processo civil contemporâneo.* São Paulo: Revista dos Tribunais, 2001.

————. Fungibilidade das Medidas Inominadas Cautelares e Satisfativas. *Revista Jurídica,* n. 272, jun 2000.

————. "Efeito devolutivo da apelação". *Revista Síntese de Direito Civil e Processual Civil.* Porto Alegre, v. 13, 2001.

ÁVILA, Humberto. *Teoria dos princípios* – da definição à aplicação dos princípios jurídicos. 2. ed. São Paulo: Malheiros, 2003.

AZEM, Guilherme Beux Nassif. *A fazenda pública e o art. 515, § 3º, do CPC.* Disponível em: http://www.tex.pro.br. Acesso em 15 out 2008.

AZEVEDO, Antônio Junqueira. *Negócio jurídico: existência, validade e eficácia.* 4. ed. São Paulo: Saraiva, 2002.

BANDEIRA DE MELLO, Celso Antônio. *Curso de direito administrativo.* 12. ed. São Paulo: Malheiros, 2003.

BAPTISTA DA SILVA, Ovídio Araújo. *Curso de processo civil.* 3. ed, Porto Alegre: Fabris, 1996, v. 1.

BAPTISTA, N. Doreste. *Da argüição de relevância no recurso extraordinário*. Rio de Janeiro: Forense, 1976.

BARBI, Celso Agrícola. *Comentários ao código de processo civil*. 11. ed. Rio de Janeiro: Forense, 2002, v. I.

————. Embargos infringentes em mandado de segurança. *Revista Brasileira de Direito Processual*, Uberaba, 1975, v. 4.

BARBOSA MOREIRA, José Carlos. "A sentença mandamental – da Alemanha ao Brasil". In: *Temas de Direito Processual*. São Paulo: Saraiva, 2001.

————. "Considerações sobre a chamada relativização da coisa julgada material".: *Revista Forense*, n.º 377, Rio de Janeiro: Forense, 2005.

————. "Em defesa da revisão obrigatória das sentenças contrárias à Fazenda Pública.*Temas de direito processual: (nona série)*. São Paulo: Saraiva, 2007, p. 199-210.

————. "O futuro da justiça: alguns mitos". In: *Revista da Escola Paulista da Magistratura*, São Paulo: Imprensa Oficial de São Paulo, v. 2, n. 1, jan.-jun. 2001.

————. "Recorribilidade das decisões interlocutórias no processo do mandado de segurança". In: *Revista da Associação dos Juízes do Rio Grande do Sul*, n. 60, 1994.

————. *Comentários ao código de processo civil*, Lei nº 5.869, de 11 de janeiro de 1973. 4.ed. Rio de Janeiro: Forense, 1981.

————. *Comentários ao CPC*. 7. ed. Rio de Janeiro: Forense, 1998, v. 5.

————. *O sistema de recursos*. Estudos sobre o novo Código de Processo Civil. Rio de Janeiro: Liber Juris, 1974.

BARROS, Clemilton da Silva. Considerações prognósticas do reexame necessário no processo civil brasileiro. *Revista da AGU*. Brasília, n. 14, dez 2007.

BARROS, Ennio Bastos de. Os embargos infringentes e o reexame necessário. *Revista dos Tribunais*, v. 479, set. 1975.

BECKER, Laércio. Duplo grau – A retórica de um dogma. In: MARINONI, Luiz Guilherme. *Estudos de direito processual civil – homenagem ao professor Egas Dirceu Moniz de Aragão*. São Paulo: Revista dos Tribunais, 2005.

BENUCCI, Renato Luís. *Antecipação da tutela em face da Fazenda Pública*. São Paulo: Dialética, 2001.

BERMUDES, Sérgio. *Comentários ao Código de Processo Civil*. 2. ed. São Paulo: RT, 1977.

————. *Introdução ao processo civil*. 3. ed. rev. e atual. Rio de Janeiro: Forense, 2002.

————. *Introdução ao processo civil*. Rio de Janeiro: Forense, 1995.

BETTI, Emilio. *Diritto Processuale Civile Italiano*. 11. ed. Roma: Società Editrice Del Foro Italiano, 1936.

BONILHA, José Carlos Mascari. *Recurso de ofício*. São Paulo: Juarez de Oliveira, 2002.

BRUNNER, Heinrich; SCHNERIN, Claudius von. *Historia del derecho germanico*. Barcelona: Labor, 1936.

BUENO, Cássio Scarpinella. Tutela Antecipada e ações contra o poder público. In: WAMBIER, Teresa Arruda Alvim (coord.) *Aspectos polêmicos da antecipação de tutela*. São Paulo: Revista dos Tribunais, 1997.

BÜLOW, Oskar Von. *La teoría de las excepciones procesales y los presupuestos procesales*. Traduzido por Miguel Angel Rosas Lightschein. Buenos Aires: Ejea, 1964.

BUZAID, Alfredo. "Linhas fundamentais do sistema do código de processo civil Brasileiro". In: *Estudos e pareceres de direito processual civil*. São Paulo: RT, 2002.

_____. *Da apelação "ex officio" no sistema do código de processo civil*. São Paulo: Saraiva, 1951.

CAETANO, Marcello. *História do direito português*. Lisboa: Verbo, 1981, v. 1.

CAIS, Cleide Previtalli. *O processo tributário*. 2. ed. São Paulo: Revista dos Tribunais, 1996.

CALAMANDREI, Piero. "Il processo come Giuoco". *Rivista di Diritto Processuale*. Padova: Cedam, 1950, v. 5.

_____. *Direito processual civil*. Traduzido por Luiz Abezia e Sandra Drina Fernandez Barbery. Campinas: Bookseller, 1999, v. III.

_____. *La sentenza soggettivamente complessa*. Opere giuridiche. Nápoles: Morano, 1965, v. 1.

CALASSO, Francesco. *Medio evo del diritto*. Milano: Giuffrè, 1954, v. I.

_____. *Storicità del diritto*. Milano: Giuffrè, 1966.

CALMON DE PASSOS, José Joaquim. "Instrumentalidade do processo e devido processo legal". *Revista Síntese de direito civil e de direito processual civil*, n. 7. Porto Alegre: Síntese, 2000.

_____. *Mandado de segurança coletivo, mandado de injunção, "habeas data"*. Rio de Janeiro: Forense, 1989.

CÂMARA, Alexandre Freitas. *Lições de direito processual civil*. 10. ed. Rio de Janeiro: Forense, 2004, v. I.

CAMBI, Eduardo. *Jurisdição no processo civil* – compreensão crítica. Curitiba: Juruá, 2003.

CAMEJO FILHO, Walter. "Garantia do acesso à justiça". In: OLIVEIRA, Carlos Alberto Alvaro de (org.). *Processo e constituição*. Rio de Janeiro: Forense, 2004.

CAMPITELLI, Adriana. "Processo civile (diritto intermédio)". In: *Enciclopedia del diritto*. Milano: Giufrè, 1987, v. XXXVI.

CAPPELLETTI, Mauro. "Dictamen iconoclastico sobre la reforma del processo civil italiano". Trad. Santiago Sentis Melendo e Tomás Banzhaf. In: *Processo, ideología, sociedad*. Buenos Aires: Ejea, 1980.

_____. *Doppio grado di giurisdizione*: parere iconoclastico, o razionalizzazione dell'iconoclastia? Giurisprudenza italiana, n° 2, 1978.

_____. *Processo orale nel mondo contemporaneo*. Giustizia e società. Milão: Edizioni di comunità, 1977.

_____. BRYANT Garth. *Acesso à justiça*. 2. ed. Porto Alegre: SAFE, 2002.

CARNEIRO, Athos Gusmão. *Da antecipação de tutela no processo civil*. Rio de Janeiro: Forense, 2005.

_____. Do recurso especial e seus pressupostos de admissibilidade. *Revista da Ajuris*, Porto Alegre, v. 66, p. 40, mar. 1996.

_____. *Jurisdição e competência*. 13. ed. São Paulo: Saraiva, 2004.

_____. *O novo recurso de agravo e outros estudos*. 2. ed. Rio de Janeiro: Forense, 1997.

CARNEIRO, Walter Borges. Privilégios fazendários – distorções no sentido da lei. *Revista Ajuris*, Porto Alegre, n. 19, p. 180, jul 1980.

CARNELUTTI, Francesco. *Sistema de derecho procesal civil*. Buenos Aires: Uteha, 1944, v. I.

CARREIRA ALVIM, José Eduardo. *Código de Processo Civil reformado*. 2 ed. Belo Horizonte: Del Rey, 1995.

————. *Elementos para uma teoria geral do processo*. 5. ed. Rio de Janeiro: Forense, 1996.

CARVALHO, Fabiano. Os poderes do relator no reexame necessário. *Revista de Processo*, ano 29, n.115, p. 229-247, maio/jun. 2004.

CASTANHEIRA NEVES, Antônio. *Metodologia jurídica* – problemas fundamentais. Coimbra: Coimbra, 1993.

CASTRO NUNES. *Do mandado de segurança e de outros meios de defesa contra atos do poder público*. 5. ed. Rio de Janeiro: Forense, 1956.

CHEIM, Jorge Flávio. *Apelação cível*: teoria geral e admissibilidade. São Paulo: RT, 1999.

————. Embargos infringentes: uma visão atual. In: NERY JUNIOR, Nelson; WAMBIER, Tereza Arruda Alvim (coord.). *Aspectos polêmicos e atuais dos recursos cíveis e de outras formas de impugnação às decisões judiciais*. São Paulo: RT, 2001.

————; RODRIGUES, Marcelo Abelha. Juízo de Admissibilidade e Juízo de Mérito dos Recursos. In: NERY JUNIOR, Nelson; WAMBIER, Tereza Arruda Alvim (coord.). *Aspectos polêmicos e atuais dos recursos cíveis e de outras formas de impugnação às decisões judiciais*. São Paulo: Revista dos Tribunais, 2002, v. 5.

————; DIDIER JR, Fredie; RODRIGUES, Marcelo Abelha. *A nova reforma processual*. 2. ed. São Paulo: Saraiva, 2003.

CHIOVENDA, Giuseppe *Instituições de direito processual civil*. Campinas: Bookseller, 1998, v. 1

————. *Instituições de direito processual civil*. Traduzido por J. Guimarães Menegale. São Paulo: Saraiva, 1945.

CIANCI, Mirna. O reexame necessário na atual reforma processual (Lei nº 10.352/01). *Revista dos Tribunais*, v. 804, p. 58, out. 2002.

CINTRA, Antonio Carlos de Araújo. *Comentários ao código de processo civil*. Rio de Janeiro: Forense, 2000.

COELHO, Rogério. *Reexame necessário e uniformização de jurisprudência*. In: NERY JUNIOR, Nelson; WAMBIER, Tereza Arruda Alvim (coord.). *Aspectos polêmicos e atuais dos recursos cíveis e de outras formas de impugnação às decisões judiciais*. São Paulo: Revista dos Tribunais, 2005, v. 9.

CONTE, Francesco. *A fazenda pública e a antecipação jurisdicional da tutela*. São Paulo: Revista dos Tribunais, v. 718.

COSTA CARVALHO, Luiz Antônio. *Dos recursos em geral*. 3. ed. Rio de Janeiro: A. Coelho Branco Filho, 1950.

COSTA MANSO, Manoel da. *O processo na segunda instância e suas aplicações à primeira*. São Paulo: Saraiva, 1923.

COSTA, Mário Júlio de Almeida. *História do direito português*. 3. ed. Coimbra: Almedina, 1996.

COUTURE, Eduardo Juan. "Las garantias constitucionales del proceso civil". In: *Estúdios de Derecho Procesal Civil*. Buenos Aires: Ediar, 1948, t. I.

————. *Fundamentos del derecho procesal civil*. 3. ed. Buenos Aires: Depalma, 1978.

CUNHA, Gisele Heloísa. *Embargos infringentes*. São Paulo: Revista dos Tribunais, 1993.

CUNHA, Leonardo José Carneiro da. *A fazenda pública em juízo*. 5. ed. São Paulo: Dialética, 2007.

DANTAS, Marcelo Navarro Ribeiro. "Correição parcial não é recurso (portanto não deve ser tratada como tal)". In: NERY JUNIOR, Nelson; WAMBIER, Tereza Arruda Alvim (coord.). *Aspectos polêmicos e atuais dos recursos cíveis e de outras formas de impugnação às decisões judiciais*. São Paulo: RT, 2001.

DE ANDRADE, Odilon. *Comentários ao código de processo civil*. Arts. 782 a 881. Rio de Janeiro: Forense, 1946, v. 9.

DE CARVALHO SANTOS, J. M. *Código de processo civil interpretado*. Artigos 882 a 1052. São Paulo: Freitas Bastos, 1947, v. 5

DE PLÁCIDO E SILVA. *Comentários ao código de processo civil*. 3. ed. Curitiba: Guairá, 1949.

DE SANTO, Victor. *El proceso civil*. Buenos Aires: Universidad, 1987, v. 8, t. 1, n. 79.

DINAMARCO, Cândido Rangel. "A reclamação no processo civil brasileiro". In: NERY JUNIOR, Nelson; WAMBIER, Tereza Arruda Alvim (coord.). *Aspectos polêmicos e atuais dos recursos e de outros meios de impugnação às decisões judiciais*. São Paulo: RT, 2002, v. 6.

————. *Fundamentos do processo civil moderno*. 3. ed. São Paulo: Malheiros, 2000, t. 1.

————. *Instituições de direito processual civil*. São Paulo: Malheiros, 2001.

————. Os Efeitos dos Recursos. In: NERY JUNIOR, Nelson; WAMBIER, Tereza Arruda Alvim (coord.). *Aspectos polêmicos e atuais dos recursos cíveis e de outras formas de impugnação às decisões judiciais*. São Paulo: RT, 2002, v. 5, p. 22-66.

————. *Teoria Geral do Processo*. 13. ed. São Paulo: Malheiros, 1997.

————. Direito e processo. In *Fundamentos do processo civil moderno*. t. I. 3.ed. São Paulo: Malheiros, 2000a.

————. Tutela jurisdicional. In *Fundamentos do processo civil moderno*. t. II. 3.ed. São Paulo: Malheiros, 2000c.

DINIZ, JOSE JANGUIE BEZERRA. A efetividade do processo como instrumento de cidadania. *Revista Juridica Consulex*. Brasilia, 2003. n.155, p.40-44.

DWORKIN, Ronald. *Levando os direitos a sério*. Trad. Nelson Boeira. São Paulo: Martins Fontes, 2002.

————. *O império do direito*. Trad. Jefferson Luiz Camargo. São Paulo: Martins Fontes, 2003.

————. *Uma questão de princípio*. T. d. Luís Carlos Borges. São Paulo: Martins Fontes, 2001.

ENGISCH, Karl. *Introdução ao pensamento jurídico*. Traduzido por J. Baptista Machado. 7. ed. Lisboa: Fundação Calouste Gulbenkian, 1996.

FACHINNI NETO, Eugênio. "Da responsabilidade civil no novo Código". In: SARLET, Ingo Wolfgang (org.) *O novo Código Civil e a Constituição*. Porto Alegre: Livraria do Advogado, 2003.

———. "Reflexões histórico-evolutivas sobre a constitucionalização do direito privado". In: SARLET, Ingo Wolfgang (org.). *Constituição, direitos fundamentais e Direito Privado*. 2. ed. Porto Alegre: Livraria do Advogado, 2006.

FADEL, Sergio Sahione. *Antecipação de tutela no processo civil*. 2.ed. São Paulo: Dialética, 2002.

FÉLIX, Juarez Rogério. O duplo grau de jurisdição obrigatório. In: NERY JUNIOR, Nelson; WAMBIER, Tereza Arruda Alvim (coord.). *Aspectos polêmicos e atuais dos recursos cíveis de acordo com a Lei 9.756/98*. São Paulo: Revista dos Tribunais, 1999.

FLACH, Daisson. "Processo e realização constitucional: a construção do 'Devido Processo'". In: AMARAL, Guilherme Rizzo; CARPENA, Márcio Louzada (coor.). *Visões críticas do processo civil brasileiro – uma homenagem ao Professor Dr. José Maria Rosa Tesheiner*. Porto Alegre: Livraria do Advogado, 2005.

FONTES, Márcio Schiefler. Direito processual intertemporal aplicado: A lei 10.352 e as restrições ao reexame necessário. *Jurisprudência Catarinense*, v. 108/109, p. 152.

FREDERICO MARQUES, José. *Instituições de direito processual civil*. 3. ed. Rio de Janeiro: Forense, 1969, v. 4.

———. *Manual de direito processual civil*. Campinas: Millennium, 2000, v. 3.

FREITAS, Juarez. *A interpretação sistemática do direito*. 3. ed. São Paulo: Malheiros, 2002.

———. *A interpretação sistemática do direito*. 4. ed. São Paulo: Malheiros, 2004.

FUX, Luiz. *Curso de direito processual civil*. 2. ed. Rio de Janeiro: Forense, 2004.

GADAMER, Hans-Georg. *O problema da consciência histórica*. 2. ed. Traduzido por Paulo César Duque Estrada. Rio de Janeiro: Fundação Getúlio Vargas, 2003.

———. *Verdade e método*. 4. ed. Petrópolis: Vozes, 1997, v. II.

———. *Verdade e método*. 6. ed. Petrópolis: Vozes, 2004, v. I.

GAIA, Márcio André Monteiro. O reexame necessário no mandado de segurança e as alterações do código de processo civil (Lei nº 10.352/01): comentários ao REsp 604.050-SP. In: *Revista Dialética de Direito Processual*, n. 38, p. 88-93, maio 2006.

GIANESINI, Rita. A fazenda pública e o reexame necessário. In: NERY JUNIOR, Nelson; WAMBIER, Tereza Arruda Alvim (coord.). *Aspectos polêmicos e atuais dos recursos cíveis e de outras formas de impugnação às decisões judiciais*. São Paulo: Revista dos Tribunais, 2001, v. 4.

———. *Tutela antecipada e execução provisória contra a fazenda pública*. Direito processual público. A fazenda pública em juízo. São Paulo: Malheiros, 2000.

GILLES, Peter. *Rechtsmittel im Zivilprozeb*. Frankfurt: Athenäum Verlag GmbH, 1972.

GOMES JR., Luís Manoel. A remessa obrigatória prevista na legislação especial e os reflexos originários da Lei 10.352/2001. In: NERY JUNIOR, Nelson; WAMBIER, Tereza Arruda Alvim (coord.). *Aspectos polêmicos e atuais dos recursos cíveis e de outras formas de impugnação às decisões judiciais*. São Paulo: Revista dos Tribunais, 2001.

———. *Ação popular – aspectos polêmicos*. Rio de Janeiro: Forense, 2001.

————. Anotações sobre a Nova Fase da Reforma do CPC – âmbito recursal. In: NERY JUNIOR, Nelson; WAMBIER, Tereza Arruda Alvim (coord.). *Aspectos polêmicos e atuais dos recursos cíveis e de outras formas de impugnação às decisões judiciais*. São Paulo: Revista dos Tribunais, 2001, v. 4.

GOMES, Fábio Luiz; SILVA, Ovídio Araújo Baptista da. *Teoria Geral do Processo Civil*. São Paulo: RT, 1997.

GOUVÊA PINTO, Antonio Joaquim de. *Manual de apelações e agravos*. 2. ed. Lisboa: imprensa Régia, 1820.

GRECO FILHO, Vicente. *Da Execução contra a Fazenda Pública*. São Paulo: Editora Saraiva, 1986.

————. *Direito processual civil brasileiro*. São Paulo: Saraiva, 2000, v. 2.

GRINOVER, Ada Pelegrini. *Os princípios constitucionais e o processo civil*. São Paulo: José Bushatsky, 1952.

GUILLÉN, Victor Fairén. El processo ante el Tribunal de Águas de Valencia. In: *Estúdios de derecho procesal em honor a Niceto Alcalá-Zamora y Castillo*. Ciudad de México: Unam, 1978, v. I.

HABERMAS, Jürgen. *Aclaraciones a la ética del discurso*. Traduzido por José Mardomingo. Madrid: Editorial Trotta, 2000.

————. *Direito e democracia* – entre facticidade e validade. 2. ed. Rio de Janeiro: Templo Brasileiro, 2003, v. I e II.

————. *Escritos sobre moralidad y eticidad*. 1ª reimp. Barcelona: Paidós Ibérica, 1998.

HABSCHEID, Walter J. *Introduzione al diritto processuale civile comparato*. Rimini: Maggioli, 1985.

HEIDEGGER, Martin. *O princípio do fundamento*. Lisboa: Instituto Piaget, 1999.

————. *Ser e tempo*. parte 01. 14. ed. Petrópolis: Rio de Janeiro, 2005.

HITTERS, Juan Carlos. *Técnica de los recursos ordinários*. 2. ed. La Plata: Libreria Platense, 2004.

IBAÑEZ FROCHAM, Manuel. *Tratado de los recursos en el proceso civil*. 4. ed. Buenos Aires: La Ley, 1969.

JAUREING, Othmar. *Direito processual civil*. 25. ed. totalmente refundida da obra criada por Frederich Lent. Trad F. Silveira Ramos. Coimbra: Almedina, 1998.

JELLINEK, Georg. *Teoria General del Estado*. México: Fondo de Cultura Econômica, 2000.

JÚNIOR, Luiz Manoel. Anotações sobre a Nova Fase da Reforma do CPC – Âmbito Recursal. In: NERY JUNIOR, Nelson; WAMBIER, Tereza Arruda Alvim (coord.). *Aspectos polêmicos e atuais dos recursos cíveis e de outras formas de impugnação às decisões judiciais*. São Paulo: RT, 2001, v. 4.

KELSEN, Hans. *O que é justiça?* A justiça, o direito e a política no espelho da ciência. Traduzido por Luís Carlos Borges. São Paulo: Martins Fontes, 2001.

————. *Teoria geral do direito e do Estado*. 2. ed. Trad. Luís Carlos Borges. São Paulo: MartIn: Fontes, 1992.

LACERDA, Galeno. *O novo direito processual civil e os feitos pendentes*. Rio de Janeiro: Forense, 1974.

LASPRO, Oreste Nestor de Souza. *Duplo grau de jurisdição no direito processual civil*. São Paulo: RT, 1996.

————. Garantia do duplo grau de jurisdição. In: *Garantias constitucionais do processo civil*. São Paulo: Revista dos Tribunais, 1999.

LAUAR, Maira Terra. Remessa necessária: questões controvertidas. In: *Processo civil*: novas tendências: estudos em homenagem ao Professor Humberto Theodoro Júnior. Belo Horizonte: Del Rey, 2008.

LEAL, Paulo Joel Bender; PORTO ALEGRE, Valdir. Duplo Grau de Jurisdição. *Revista IESA* – Instituto de Ensino Superior de Santo Ângelo, n. 2, 1999.

LEAL, Rosemiro Pereira. *Teoria Processual da Decisão Jurídica*. São Paulo: Landy, 2002.

LEITE, Paulo Henrique Moura. Algumas anotações sobre os recursos no processo civil em face da Lei nº 10.352, de 26 de Dezembro de 2001. *Revista Jurídica*. n. 297, jul 2002.

LIEBMAN, Enrico Tullio. *Manuale di diritto processuale civile*. Milão: Giuffrè, 1973.

LIMA, Alcides de Mendonça. *Sistema de normas gerais dos recursos cíveis*. Rio de Janeiro: Freitas Bastos, 1963.

LOPES, João Batista. Tutela antecipada e o art. 273 do CPC. In: WAMBIER, Tereza Arruda Alvim (coord.). *Aspectos polêmicos da antecipação de tutela*. São Paulo: Revista dos Tribunais, 1997.

MACEDO, Elaine Harzheim. *Jurisdição e Processo* – crítica histórica e perspectivas para o terceiro milênio. Porto Alegre: Livraria do Advogado, 2005.

MACHADO, Antônio Cláudio da Costa. *Código de processo civil interpretado*. 5. ed. Barueri: Manole, 2006.

————. *Código de processo civil interpretado*. 3. ed. São Paulo: Saraiva, 1997.

MACHADO, Fábio Cardoso. *Jurisdição, condenação e tutela jurisdicional*. Rio de Janeiro: Lumen Juris, 2004.

————. Sobre o escopo jurídico do processo: o problema da tutela dos direitos, *Genesis – Revista de Direito Processual Civil*, v. 9 n. 32 ABR./JUN. 2004b, p 256/265.

MAIA, Renato Vasconcelos. Inconstitucionalidade do reexame necessário face aos princípios da isonomia e da celeridade processual. *Revista da ESMAPE*, n. 1, p. 276, 1996.

MARCATO, Ana Cândida Menezes. *O princípio do duplo grau de jurisdição e a reforma do código de processo civil*. São Paulo: Atlas, 2006.

MARINONI, Luiz Guilherme Bittencourt. *A Antecipação da Tutela na Reforma do Processo Civil*. São Paulo: Malheiros, 1995.

————. A consagração da tutela antecipatória na reforma do CPC. In: TEIXEIRA, Sálvio de Figueiredo (coord). *Reforma do Código de Processo Civil*. São Paulo: Saraiva, 1996.

————. Do processo civil clássico à noção de direito à tutela adequada a direito material e a realidade social. *Revista dos Tribunais*. São Paulo, v. 824, p. 34/60, 2004b.

————. E a efetividade do direito de ação? *Revista Forense*. Rio de Janeiro: Forense, v. 336, p. 137/143, 1996.

————. *Efetividade do processo e tutela de urgência*. Porto Alegre: Sérgio Antônio Fabris, 1994.

————. *Novas linhas do processo civil*. 4.ed. São Paulo: Malheiros, 2000.

————. O custo e o tempo do Processo Civil Brasileiro. *Revista Forense*. Rio de Janeiro: Forense, v. 375, p. 81/102, 2004a.

————. ARENHART, Sergio Cruz. *Manual do processo de conhecimento:* a tutela jurisdicional através do processo de conhecimento. 2. ed. rev., atualizada e ampl. São Paulo: Revista dos Tribunais, 2003.

MARQUES, José Frederico *Manual de direito processual civil.* 5. ed. São Paulo: Saraiva, 1977.

————. *A reforma do Poder Judiciário.* São Paulo: Saraiva, 1979.

————. *Instituições de direito processual civil.* 3. ed. Rio de Janeiro: Forense, 1969.

————. *Instituições de direito processual civil.* 4. ed. Rio de Janeiro: Forense, 1971.

————. *Manual de direito processual civil,* São Paulo: Saraiva, 1976, v. I.

MARTINS, Samir José Caetano. Em torno do duplo grau de jurisdição obrigatório. *Jus Navigandi,* Teresina, n. 1242, 25 nov. 2006. Disponível em: http://jus2.uol.com.br/doutrina/texto.asp?id=9215. Acesso em: 31 jul. 2008.

MAXIMILIANO, Carlos. *Hermenêutica e aplicação do direito.* 19. ed. Rio de Janeiro: Forense, 2001.

MEDINA, José Miguel Garcia; WAMBIER, Teresa Arruda Alvim. *Recursos e ações autônomas de impugnação.* São Paulo: Revista dos Tribunais, 2008.

MELLO, Marcos Bernardes de. *Teoria do fato jurídico:* plano da eficácia. 2. ed. São Paulo: Saraiva, 2004.

MENDONÇA LIMA, Alcides de. *Introdução aos recursos cíveis.* 2. ed. São Paulo: Revista dos Tribunais, 1976.

MITIDIERO, Daniel Francisco. *Comentários ao Código de Processo Civil.* São Paulo: Memória Jurídica, 2004, t. I e II.

————. *Elementos para uma Teoria Contemporânea do Processo Civil Brasileiro.* Porto Alegre: Livraria do Advogado, 2005.

MOREIRA, José Carlos Barbosa. Miradas sobre o processo civil contemporâneo. In: *Temas de direito processual.* São Paulo: Saraiva, 1997, 6ª série.

————. Em defesa da revisão obrigatória das sentenças contrárias à Fazenda Pública" *Temas de direito processual: (nona série).* São Paulo: Saraiva, 2007.

MORELLO, Augusto Mário. *Constitución y Proceso* – La nueva edad de las garantías jurisdiccionales. La Plata: Libreria Editora Platense, 1998.

————. *El proceso civil moderno.* La Plata: Libreria Editora Platense, 2001.

NEGRÃO, Theotônio. *Código de processo civil e legislação processual em vigor.* 33. ed. São Paulo: Saraiva, 2002.

NERY JÚNIOR, Nelson. *Princípios do processo civil na constituição federal.* 8. ed. São Paulo: Revista dos Tribunais, 2004.

————. *Princípios fundamentais – teoria geral dos recursos.* 3. ed. São Paulo: Revista dos Tribunais, 1996.

————. *Princípios fundamentais – teoria geral dos recursos.* São Paulo: Revista dos Tribunais, 1997.

————. *Princípios fundamentais – teoria geral dos recursos.* São Paulo: Revista dos Tribunais, 2000.

————. *Princípios fundamentais:* teoria geral dos recursos. 2. ed. São Paulo: Revistas dos Tribunais, 1993.

————; NERY, Rosa Maria de Andrade. *Código de processo civil comentado e legislação processual civil extravagante em vigor*. 6. ed. São Paulo: RT, 2002.

————; NERY, Rosa Maria. *Código de processo civil comentado e legislação extravagante em vigor*. 4. ed. rev. e ampl. São Paulo: Revistas dos Tribunais, 1999.

————; WAMBIER, Teresa Arruda Alvim. *Aspectos polêmicos e atuais dos recursos cíveis e assuntos afins*, v. 9. São Paulo: Revista dos Tribunais, 2006.

OLIVEIRA, José Sebastião de. *Fraude à execução*. 2. ed. São Paulo: Saraiva, 1998.

PEREIRA, Hélio do Valle. *Manual da fazenda pública em juízo*. 2. ed. Rio de Janeiro: Renovar, 2006.

PINTO, Ferreira. *Código de processo civil comentado*. São Paulo: Saraiva, 1996, v. 2.

PONTES DE MIRANDA, Francisco Cavalcanti. *Comentários ao Código de Processo Civil*. Rio de Janeiro – São Paulo: Forense, 1975, t. VII.

————. *Comentários ao código de processo civil*. 2. ed. Rio de Janeiro: Forense, 1960, v. XI

————; BERMUDES, Sérgio (atualizador). *Comentários ao Código de Processo Civil*. 3. ed. Rio de Janeiro: Forense, 1997, v. 11.

PORTANOVA, Rui. *Princípios do processo civil*. 5. ed. Porto Alegre. Livraria do Advogado. 2003.

————. *Princípios do processo civil*. Porto Alegre: Livraria do Advogado, 1995.

PORTO, Sérgio Gilberto. *Comentários ao código de processo civil*. São Paulo: Revista dos Tribunais, 2000, v. 6.

————. *Manual dos recursos cíveis*: atualizado com as reformas de 2006 e 2007. 2. ed. Porto Alegre: Livraria do Advogado, 2008.

————; USTÁRROZ, Daniel. *Manual dos Recursos Cíveis*. Porto Alegre: Livraria do Advogado, 2007.

RANGEL DINAMARCO, Cândido. *A reforma da reforma*. 6. ed. São Paulo: Malheiros, 2003.

RIBEIRO, Lauro Luiz Gomes. A inaplicabilidade da regra do art. 475, II, do CPC (Reexame Necessário) à tutela jurisdicional coletiva da criança, do adolescente e da pessoa portadora de deficiência. *Revista de Direito Constitucional e Internacional*. n. 41, out./dez. 2002.

ROCHA, Eládio Torret. *Sistema recursal ordinário & a reforma do código de processo civil*. Curitiba: Juruá, 2004.

RODRIGUES, Geisa de Assis. Anotações sobre reexame necessário em sede de ação civil pública. In: *Boletim Científico da Escola Superior do Ministério Público da União*, Brasília, n. 1, out./dez. 2001.

ROLIN, Cristiane Flores Soares. A garantia da igualdade das partes frente ao interesse público. In: PORTO, Sérgio Gilberto (coord.). *As garantias do cidadão no processo civil*. Porto Alegre: Livraria do Advogado, 2003.

ROSATI, Neide Aparecida. *Remessa necessária no código de processo civil. Jus Navigandi*, Teresina, n. 59, out. 2002. Disponível em: <http://jus2.uol.com.br/doutrina/texto.asp?id=3256>. Acesso em: 7 nov. 2008.

ROSSI, Júlio César. O reexame necessário. In: *Revista dialética de direito processual*. nº 23, p. 41-51, fev. 2005.

SANTOS, Ernane Fidélis dos. *Manual de direito processual civil*. São Paulo: Saraiva, 1980.

SARLET, Ingo Wolfgang. (org.) "Jurisdição e direitos fundamentais" *Anuário 2004/2005 – Escola Superior da Magistratura do RS – AJURIS*. Porto Alegre, 2005, v. 01, t. I.

———. *A eficácia dos direitos fundamentais*. 4. ed. Porto Alegre: Livraria do Advogado, 2004.

———. *Dignidade da pessoa humana e direitos fundamentais na Constituição Federal de 1988*. 4. ed. Porto Alegre: Livraria do Advogado, 2006.

SCARPINELLA BUENO, Cássio. *Execução provisória e antecipação da tutela*. São Paulo: Saraiva, 1999.

SEABRA FAGUNDES, Miguel. *Dos recursos ordinários em matéria civil*. Rio de Janeiro: Forense, 1946.

SILVA, Ovídio A. Baptista da. Decisões interlocutórias e sentenças liminares. *Sentença e coisa julgada*. 3.ed. Porto Alegre, 1995.

———. *Curso de processo civil*. 2. ed. Porto Alegre: SAFE, 1991, v. I.

———. *Curso de processo civil*. 3. ed. São Paulo: RT, 1992, v. II.

———. *Curso de processo civil*. 4. ed. São Paulo: RT, 1993, v. III.

———. *Processo e ideologia* – O paradigma racionalista. Rio de Janeiro: Forense, 2004.

SIMARDI, Claudia A. Remessa obrigatória (após o advento da lei 10.352/2001). In: NERY JUNIOR, Nelson; WAMBIER, Tereza Arruda Alvim (coord.). *Aspectos polêmicos e atuais dos recursos cíveis e de outros meios de impugnação às decisões judiciais*. São Paulo: Revista dos Tribunais, 2002, v. 6.

SLAIBI FILHO, Nagib. *O juiz leigo e o projeto de decisão referido no art. 40 da lei nº 9.099/95*. Disponível em: http://www.bonijuris.com.br/pages/mosdou.php? reg=185&id_rv=524 &atua= Acesso em: 20 nov. 2008.

SOBRINHO, Délio José Rocha. *Prerrogativas da Fazenda Pública em Juízo*. Porto Alegre: Sergio Antonio Fabris Editor, 1999.

SOUZA, Bernardo Pimentel. *Introdução aos recursos cíveis e à ação rescisória*. Brasília: Brasília Jurídica, 2000.

———. Os novos embargos infringentes da Lei n. 10.352/2001. *Gênesis Revista de Direito Processual Civil*. Curitiba, n. 33, p. 455, jul./set. 2004.

STRECK, Lenio Luiz. *Hermenêutica jurídica e(m) crise*. 2. ed. Porto Alegre: Livraria do Advogado, 2004.

———. *Hermenêutica Jurídica e(m) crise*. 5. ed. Porto Alegre: Livraria do Advogado, 2004.

———. *Jurisdição Constitucional e Hermenêutica*. 2. ed. Rio de Janeiro: Forense, 2004.

SZKLAROWSKY, Leon Frejda. Recursos e reexame necessário. *Revista Jurídica Consulex*. n. 121, p. 15/16, jan. 2002.

TÁVORA, Rodrigo de Almeida. Possibilidade de aplicação do artigo 557 do código de processo civil ao reexame necessário – análise crítica da jurisprudência do superior tribunal de justiça. *Revista de direito da procuradoria geral do estado*. Rio de Janeiro, n. 54, p. 260-266, 2004.

TESHEINER, José Maria Rosa. *Eficácia da sentença e coisa julgada no processo civil*. São Paulo: Revista dos Tribunais, 2001.

————. *Elementos para uma teoria geral do processo*. São Paulo: Saraiva, 1993.

————. Em tempo de reformas – O reexame das decisões judiciais. In: FABRÍCIO, Adroaldo Furtado *et al.* (coord.) *Meios de impugnação ao julgado civil*: estudos em homenagem a José Carlos Barbosa Moreira. Rio de Janeiro: Forense, 2007.

————. *Pressupostos processuais e nulidades no processo civil*. São Paulo: Saraiva,2000.

————. *Reforma do Judiciário* (2) – Súmula vinculante. Disponível em: tex.pro.br <http://www.tex.pro.br/wwwroot/processocivil/reformadojudiciario2. htm.> Acesso em: 06 nov. 2008.

————. *Elementos para uma teoria geral do processo*. São Paulo: Saraiva, 1993.

THEODORO JÚNIOR, Humberto. *Curso de Direito Processual Civil*. 20. ed. Rio de Janeiro: Forense, 1999, v. I.

————. "Inovações da lei 10.352/2001, em matéria de recursos cíveis e duplo grau de jurisdição". In: NERY JUNIOR, Nelson; WAMBIER, Tereza Arruda Alvim (coord.). *Aspectos polêmicos e atuais dos recursos e de outros meios de impugnação às decisões judiciais*. São Paulo: Revista dos Tribunais, 2002, v. 6.

————. *Curso de direito processual civil*. 37. ed. Rio de Janeiro: Forense, 2001, v. 1.

————. Inovações da Lei nº 11.352, de 26.12.2001, em matéria de recursos cíveis e duplo grau de jurisdição. *Revista Síntese de Direito Civil e Processual Civil*, Porto Alegre, v. 4, n. 20, p. 127, nov./dez. 2002.

TICIANELLI, Maria Fernanda Rossi. *Princípio do duplo grau de jurisdição*. Curitiba: Juruá, 2005.

TOSTA, Jorge. *Do reexame necessário*. São Paulo: Revista dos Tribunais, 2005.

TUCCI, José Rogério Cruz e. *Lineamentos da nova reforma do CPC*: Lei 10.352, de 26.12.2001, Lei 10.358, de 27.12.2001, Lei 10.444, de 07.05.2002. 2. ed. São Paulo: Revista dos Tribunais, 2002.

VAZ, Paulo Afonso Brum. O reexame necessário no novo processo civil. In: *Revista do Tribunal Regional Federal da 4ª Região*, Porto Alegre, n. 54, p. 47-75, 2004.

VECHIATO JÚNIOR, Walter. *Tratado dos recursos cíveis*. São Paulo: Juarez de Oliveira, 2000.

VÉSCOVI, Enrique. *Derecho procesal civil*. Montevideo: Ediciones Idea, 1974, v. II.

————. *Los recursos judiciales y demás medios impugnativos en Iberoamérica*. Buenos Aires: Depalma, 1988.

WACH, Adolf. *La pretensión de declaración*. Buenos Aires: Ejea, 1977, v. I.

WAMBIER, Luiz Rodrigues; ALMEIDA, Flávio Renato Correia; TALAMINI, Eduardo. *Curso Avançado de Processo Civil*. 6. ed. São Paulo: RT, 2004, v. I.

————; MEDINA, José Miguel Garcia. *O dogma da coisa julgada* – Hipóteses e relativização. São Paulo: RT, 2003.

————; WAMBIER, Teresa Arruda Alvim. *Breves comentários à 2ª fase da reforma do código de processo civil*. 2. ed. São Paulo: Revista dos Tribunais, 2002.

WAMBIER, Teresa Arruda Alvim. *Nulidades do processo e da sentença*. 4. ed. São Paulo: Revista dos Tribunais, 1997.

————. *O novo regime do agravo*. São Paulo: Revista dos Tribunais, 1996.

————. *Os agravos no CPC brasileiro*. 3. ed. São Paulo: Revista dos Tribunais, 2000.

————. *Curso de direito processual civil*. 40. ed. Rio de Janeiro: Forense, 2003, v. I.

WELSCH, Gisele Mazzoni. A Razoável Duração do Processo (art. 5°, LXXVIII da CF/88) como Garantia Constitucional. In: MOLINARO, Carlos Alberto, MILHORANZA, Mariângela Guerreiro; PORTO, Sérgio Gilberto. (coord.) *Constituição, Jurisdição e Processo: estudos em homenagem aos 55 anos da Revista Jurídica* Sapucaia do Sul: Notadez, 2007.

WINDSCHEID, Bernhard; MÜTHER, Theodor. *Polemica in torno all'actio*. Florença: Sansoni, 1954.

YARSHELL, Flávio Luiz. A execução e a efetividade do processo em relação à fazenda pública. *Direito processual público:* a fazenda pública em juízo. São Paulo: Malheiros, 2003.

————. *Tutela Jurisdicional*. São Paulo: Atlas, 1998.

ZACCARDI, Piero. "Doppio grado o doppia fase del giudizio di mérito? Uma scelta política". In: *Studi in onore di Enrico Tullio Liebman*. Milano: Giufrè, 1979, v. III.